I0160037

El Poder de la Oratoria

Elementos Fundamentales de la Oratoria

16 de diciembre de 2011, "Escondida... no más"

El mejor regalo que cualquier ser humano puede recibir en Navidad o en cualquier época del año es precisamente el regalo ⌐énfasis que recibí cuando menos lo esperaba. Hoy, les contaré cómo salí del clóset (consultar con DRAE); no solo del (clóset) → lleva acento en el pañol sino como salí del hamper -cesta _____ en la cual encerraba mis emociones. Ese fue el mejor regalo que he recibido y la oratoria ha sido de gran ayuda.

Decía Gustave Flaubert un escritor y novelista francés: "El futuro nos tortura y el pasado nos encadena. Por eso se nos escapa el presente". → sentimiento La realidad es que por veintitrés años se me escapó el presente. Pensé que para sobrevivir debía continuar escondida como aquella mañana que se apareció ese hombre maquiavélico para sacarme (¿es correcto el verbo?)

1

del apartamiento de mi tía, obstinado conmigo y con un amor <u>temerario</u> que a penas me permitía respirar, me permitía ser yo (inyectar emoción). Esa mañana intentó derribar la puerta y en lo que corría para esconderme el único sitio que encontré fue un (hamper) [buscar palabra en DRAE), una canasta grande llena de ropa. Mis huesos, en ese entonces eran extremadamente delgados. Su persecusión constante había logrado que dejara de comer, perder el peso fue muy ~~fácil~~ sencillo, y muy espeluznante a la vez. Cuando me di cuenta que poco faltaba para perder mi vida, tomé valor y decidí dejarlo. Cancelé la boda y fue ~~explosión~~ peor. Detoné una bomba nuclear (gestos) que estaba a punto de quemarme. No cesó de perseguirme hasta dar con el lugar donde me protegía de su maldad. Llegó esa mañana <u>muy sigiloso</u>, como un miserable ladrón, para sacarme con fuerza. Entre mi tía y mi hermana lograron que el

Fuerza
    ↑R

2

El Poder de la Oratoria

Elementos Fundamentales de la Oratoria

Elbia I. Quiñones Castillo, MBA, MA

EDITADO POR WEYNA QUIÑONES CASTILLO, Ed.D.

Power Publishing Learning Systems

El Poder de la Oratoria - *Elementos fundamentales de la oratoria*

Relevo de responsabilidad: El lector no debe considerar las recomendaciones, ideas y técnicas expresadas y descritas en este libro como absolutas. Este material de referencia está sujeto a la discreción del lector y de su riesgo. Utilice el libro como una guía.

© 2012 Elbia I. Quiñones Castillo
Primera edición revisada: agosto, 2014

Todos los derechos reservados.
Las características tipográficas y de edición de esta obra son propiedad de la casa editora. No está permitida su reproducción parcial o total sin autorización por escrito de la casa editora. En los trabalenguas no se reclama derechos de autor.

AZ DP 16 15 14 08 16 14

Power Publishing Learning System
PO Box 593
Caguas, PR 00726
info@powerpublishingpr.com
www.powerpublishingpr.com

ISBN 978-0-9819090-9-7

Dedico este libro a quienes
me inspiran y fortalecen mi
espíritu creativo día tras día.

"Es hora de que despertemos y nos veamos como leones; no como ovejas".

—Anthony De Mello

Contenido

Cómo utilizar este libro

Sé exactamente lo que se siente al comunicarse con el público. Desde nerviosismo, frío, calor y sudor hasta imaginar y escuchar mariposas que revolotean en el aire, decididas a perturbar la concentración que se requiere para cumplir la gran misión de llevar un mensaje con contenido a la audiencia.

No solo son sentimientos y emociones agudas que se experimentan, sino la validación de que nuestra voz puede transformar vidas al liberarlas del encierro mental que día tras día restringe y aleja el éxito que tanto anhelamos.

Este libro es para aquellos que desean cambiar sus vidas y salir de la oscuridad del anonimato mediante el poder de la oratoria. Por treinta años sentí que no tenía voz. Muchas experiencias impactantes marcaron mi espíritu y preferí enterrar mis sueños.

Soy testimonio de que cuando comenzamos a sentirnos con confianza y seguridad, podemos rescatar nuestra voz y lograr un millón de triunfos. Una voz puede transformar al mundo y esa voz puede ser la tuya.

En este libro encontrarás un mundo de ideas, técnicas y sencillas historias que te ayudarán a convertirte en ese extraordinario orador que llevas por dentro. Sé poderoso con tu palabra. ¡El mundo necesita de tu mensaje, el mundo necesita de ti!

Prefacio

Crecer mediante el desarrollo personal es una de las metas más significativas que podríamos fijarnos. Sócrates nos invitó a conocernos a nosotros mismos. Sin embargo, esta es la tarea más difícil y ardua en la cual nos podemos embarcar. No obstante, aquellos con la osadía y valentía de perseguirla encuentran en su camino grandes tesoros.

He tenido la gran oportunidad de incursionar en este campo tan maravilloso y remunerante desde muy temprana edad. En algún momento la oratoria llegó a mi vida y soy testimonio del poder transformacional que se adquiere luego de haberse sumergido en su fascinante red.

A través de la oratoria se nos presenta la oportunidad de reflexionar sobre quiénes somos y llegar a conocernos un poco más. Los actores tienen que memorizar líneas que otra persona escribió; los oradores, tenemos que crear estas líneas. Una distinción muy importante. Es la misma diferencia entre ser cantante o cantautor. Los oradores somos cantautores de nuestras vidas. Muchas veces nuestras palabras tienen el poder de tocar otras vidas de manera significativa. La mayoría de las veces no sabremos que esto ocurrió, cuándo o cómo. Sin embargo, debemos reconocer que sí ha ocurrido.

El orador tiene que esforzarse por vivir una vida ejemplar, ya que este representa un modelo a seguir. No son solo las palabras, sino el comportamiento del orador el que con elocuencia nos muestra su esencia pura. Es una gran responsabilidad y a la vez un gran honor.

He tenido la bendición de ser testigo del crecimiento de Elbia Quiñones durante los últimos años. A partir del momento que incursionó en el campo de la oratoria, su vida se transformó dramáticamente. Conozco que no ha sido un camino fácil. Desarrollarse en cualquier área de nuestras vidas involucra muchas veces romper esquemas que se han arraigado en nuestro interior.

Aprender es muy fácil, desaprender es otra historia y este es precisamente el reto que encaramos cuando incursionamos en el campo de la oratoria. Desaprender aquello que no nos ayuda y que en realidad muchas veces representa la influencia de otras personas que poco a poco fueron permeando nuestro carácter. Creencias sin fundamento, ideologías falsas y actitudes provenientes de un punto de vista con recelo.

Cuando nos atrevemos a visitar nuestro interior, encontramos un caudal de talentos. Por lo que es nuestra responsabilidad organizarlos y ponerlos a funcionar para el bien de la sociedad. Elbia ha hecho exactamente eso durante los pasados años de su crecimiento en este campo y en mi opinión está perfectamente capacitada para compartir con el mundo experiencias, técnicas, estrategias y conocimientos que nos ayuden a descubrir e implementar "El Poder de la Oratoria".

Confío en que aquellos que se comprometan con su crecimiento personal y apliquen las enseñanzas plasmadas en este libro, lograrán alcanzar metas muy magnánimas y honorables. Invito al lector a regalarse esta oportunidad.

Rubén Huertas

Introducción

Hablar ante un público es una combinación de arte y destrezas aprendidas, es una expresión de emociones, de ideas, de imaginación. Muchas veces es lograr que algo que no existe, cobre vida. Damos vida a la palabra cuando comunicamos y nos conectamos con la audiencia. Sin embargo, qué decir y cómo decirlo requiere que uno se enfrente a innumerables retos.

Con certeza puedo decir que la oratoria induce a una transformación de vida. A través de su poder se fortalece la confianza que te inspira a ser mejor, a crecer. Al recuperarla, pude arriesgarme a explorar otras carreras profesionales que siempre había deseado como ser escritora y editora. Sueños que se hicieron realidad, gracias al poder de la oratoria y a su maravillosa transformación.

Estos últimos años han sido los más productivos en mi vida: desde publicar y editar múltiples libros de bienes raíces, colaborar en revistas profesionales, ser conferenciante hasta desarrollar mi compañía Fast Growth International. Sin la transformación tan poderosa que he experimentado mediante la oratoria, jamás hubiera tenido la oportunidad de creer que con imaginación tenía un mundo de posibilidades y éxitos. Lo más importante, a penas estoy comenzando.

Regálate esa transformación que ocurre a través de la oratoria. Siente su poder, su sanación, su riqueza, su crecimiento. ¡Tú te lo mereces!

Capítulo 1

EL PODER TRANSFORMACIONAL
DE LA ORATORIA

"Muchos son los que obran bien, pero contadísimos los que hablan bien; lo que demuestra que hablar es mucho más difícil que hacer y desde luego, mucho más hermoso".—Oscar Wilde

El Poder Transformacional
de la oratoria

¿Qué tienen en común los presidentes de las naciones, los líderes comunitarios y los ciudadanos del mundo? Todos necesitamos, día a día, del poder de la oratoria para inspirar, convencer, persuadir y provocar un cambio de actitudes y de comportamiento. Este arte de hablar con elocuencia nació de la rica fusión de elementos griegos y romanos ocurrida hace más de 2,000 años.

En Atenas, la oratoria fue el medio para alcanzar puestos políticos, prestigio y honor. De igual manera, cada ciudadano desarrollaba la destreza de hablar ante un público para representarse y defenderse en las cortes. En ese entonces la figura del abogado no estaba definida.

De los griegos heredamos los elementos básicos de un buen discurso. Aristóteles los definió como credibilidad *(ethos)*, argumentos claros y válidos *(logos)* y apelar a las emociones de la audiencia *(pathos)*. Uno de los principales oradores atenienses de este estilo de oratoria fue Demóstenes, considerado por muchos como el Padre de la Oratoria.

Demóstenes desarrolló la elocuencia estudiando los discursos de reconocidos oradores. Practicaba en una habitación subterránea que construyó para ese propósito. En otras ocasiones, caminaba cerca del mar para hablar por encima del ruido de las olas. Cuando comía, recitaba versos para fortalecer los músculos de la cara y la boca.

Cuenta la historia que a los siete años quedó huérfano, pero con una gran fortuna. Su familia era muy rica y su padre dejó un fideicomiso para él a cargo de sus tíos-tutores. Estos malgastaron la fortuna, por lo que Demóstenes vivió su juventud en la extrema pobreza. Sin embargo, a los veinte años, el joven decidió demandar a sus tutores. Pronunció cinco discursos durante los juicios que le ayudaron a recuperar lo que quedaba de su fortuna.

Poco a poco fue desarrollando un estilo único en la oratoria. Pasó de ser un niño con un defecto de elocución en el habla que le hacía proyectarse con una voz desagradable, extraña y con dificultades en el manejo del aire (tartamudo) a un orador que perfeccionó el estilo del mensaje con pasión, gestos, voz y tonos paralelos a las palabras.

De Grecia la oratoria pasó al Imperio Romano. En Roma tenemos dos grandes expositores: Marco Tulio Cicerón y Marco Fabio Quintiliano. De Cicerón, heredamos el estilo del lenguaje, la organización, la selección de los argumentos, la presentación memorizada y el uso de los gestos, las expresiones y el volumen en el discurso.

A Marco Fabio Quintiliano, también se le acredita ser el Padre de la Oratoria por su obra de doce volúmenes *Institutio Oratoria*, en los cuales presenta cómo debe ser un orador. Sea Demóstenes o Marco Fabio Quintiliano el Padre de la Oratoria, la historia demuestra que independientemente tu situación inicial, tú puedes ser un orador destacado. No importa si es en Grecia, Roma o en alguna otra parte del mundo, cuando seas orador hazlo con pasión. No prives a las personas de tu tesoro interior. ¡Otros en el tiempo contarán tus historias!

Aprende a vivir a través de la oratoria, aprende de nuevo a sentir

Hoy seré la voz de aquellas personas que nunca quisieron ser oradores y sin saberlo se negaban a explorar valiosas oportunidades de crecimiento en la vida. Mi historia es muy simple. Fui precisamente una de ellas.

Me preocupaba sobremanera cómo la audiencia podía percibirme en cada intervención como oradora. A pesar de la poca confianza que sentía y del claro signo de vulnerabilidad y miedo, insistía en darle la espalda a la oportunidad de sentir la grandeza de la transformación de la oratoria. Desnudar mis emociones y mis frustraciones no fue fácil. Acepté, por fin, que debía trabajar con mis saboteadores emocionales, para dar paso a la verdadera esencia de la oradora.

Durante estos años la oratoria me ha permitido evaluar aspectos de mi vida que habían hecho que se debilitara mi confianza. A través de los discursos comencé a aliviar la carga del pasado y a descansar de los efectos que genera un divorcio nefasto. Este había arrancado de mi alma todo deseo y posibilidad de continuar progresando en la vida. Me transformé en una valiente guerrera presta a experimentar nuevos capítulos y nuevas historias. Descubrí el poder de la oratoria y del bálsamo sicológico que se esconde tras ella.

Alexander Graham Bell, visionario de las comunicaciones, decía: "A veces nos quedamos tanto rato mirando la puerta que se cierra, que ya es tarde cuando vemos la que se ha abierto". Aprovecha la oportunidad que la oratoria brinda de descubrir tu alma en cada palabra que pronuncies, en cada palabra que ayudas a salvar al mundo. Que tu alma descubra el poder de la oratoria.

La oratoria transformará tu interior

La oratoria transformó la manera de percibir las personas, los trabajos, los proyectos que soñé en distintos momentos y que ahora son realidad. Lo más impactante, cambió la manera de verme y de evaluarme para crecer.

Creo en el poder transformacional de la oratoria; del poder que te levanta y te saca de las tinieblas del estancamiento personal y profesional. Del poder que despierta a uno para siempre y logra que seas único. La oratoria provocó que estudiara mi interior, que entendiera qué podía mejorar y qué podía compartir con el mundo para que las personas también se transformaran con poder.

Con este ejercicio, comienza a estudiar tu interior para que tu palabra se transforme con poder.

Cómo me veo

_____

_____

_____

Qué puedo transformar, qué me detiene

_____

_____

_____

Cómo lo trabajaré

_____

_____

_____

Tu mentor es clave en el proceso de transformación

Cada uno de nosotros es el compendio de la manera en que nos criaron y educaron, del cúmulo de experiencias que nos marcaron para bien o para mal, de lo que hemos aprendido y de lo que deseamos transformar para darle brillo a nuestra vida.

En muchas dimensiones y aspectos de la vida necesitamos de la luz de un mentor para guiarnos y ayudarnos a entender el inventario personal de vida que nunca completamos. En la oratoria, el mentor es indispensable en tu evaluación interior puesto que influye en el análisis de tus fortalezas y debilidades como persona y orador. Te ayuda a mejorar tu comunicación con la audiencia, realza tu estilo cuando aprendes a multiplicar el valor de las vidas de quienes te escuchan, entre otras cosas.

Cuando comencé en la oratoria, me sentía perdida y confundida. No sabía qué decir, cómo estructurar el mensaje con poder y cómo decirlo. No podía hablar del corazón porque estaba sencillamente en pedazos. Conocí a este grandioso mentor que hizo que comprendiera lo siguiente:

1 El ser humano no es perfecto; tampoco la oratoria.
2 Para dar vida al discurso, necesitas definir su estructura.
3 Es obligatorio ensayar el discurso hasta el cansancio.
4 Si no escuchas tu voz, ¿cómo sabes qué sabor le falta?
5 Cree en ti y repite "puedo hacerlo, puedo hacerlo, puedo hacerlo".
6 Si el discurso que presenté no fue el mejor, el próximo lo será.
7 Siempre tenemos oportunidades para mejorar y crecer.
8 Agradece la oportunidad de conectarte con la audiencia.
9 Tus experiencias de vida pueden ser la salvación para el que escucha.
10 Comunícate con palabras simples, palabras del corazón. Son más poderosas.

Son consejos simples de valor incalculable. Aprendí a caminar en la oratoria siguiendo sus consejos, escuchando recomendaciones y reconociendo el mar de posibilidades que surgen cuando creemos en nosotros mismos. A este sorprendente mentor, Rubén Huertas, le dedico esta página de letras. ¡Gracias por ser el prisma que le dio color a mi vida!

Inventario del Orador

Para que tu mensaje sea poderoso necesitas examinar junto a tu mentor el siguiente inventario:

Cuáles son mis fortalezas en la comunicación

_____

_____

_____

Cuáles son mis áreas de crecimiento en la comunicación

_____

_____

_____

En cuáles fortalezas me concentraré para crecer aún más

_____

_____

_____

El mentor te ayudará a ser una mejor persona, un mejor comunicador y un mejor líder.

Diez Mentores Poderosos

Mentor	Aprendiz
Rubén Huertas	Elbia Quiñones
Platón	Aristóteles
Jim Rohn	Anthony Robbins
Jesús	Los doce apóstoles
Dr. Buckminster Fuller	Mark Victor Hansen
Dietrich Eckart	Adolfo Hitler
Brooks Brothers	Ralph Lauren
Aristóteles	Alejandro Magno
Andrew Carnegie	Napoleón Hill
	Apreciado lector

_____

El éxito de los diez mentores de la tabla anterior se mide por las vidas que han transformado. Estos visionarios, filósofos, comunicadores, empresarios, políticos y líderes religiosos influyeron en los rumbos de diez aprendices sedientos de infundir poder emocional a la palabra.

Dejo un espacio para que lo llenes cuando identifiques tu mentor. Procura caminar junto a un mentor para que tu paso por la oratoria sea firme y seguro. Soy testimonio de ello.

Capítulo 2

El poder de la palabra

"Tienes el poder de cambiar. Nunca eres demasiado viejo para definir un objetivo o soñar un nuevo sueño".

—Les Brown

El Poder de la Palabra

Una palabra construye, edifica, enamora, separa o destruye. Con una palabra invito a crecer, a transformarse un ser humano.

Con vibrantes palabras nacieron las notas más hermosas de canciones que el mundo haya escuchado como *Libre* de Nino Bravo, *Gracias a la vida* de Violeta Parra, *El día que me quieras* de Carlos Gardel y Alfredo Lepera, *One* de U2, *Candle in the wind* de Elton John, entre otras.

Asimismo, el presidente John F. Kennedy con elocuencia persuadió a los norteamericanos a trabajar por su nación mientras pronunciaba su discurso inaugural en 1961. De igual modo, el presidente Ronald Reagan instó a Gorbachev a derribar las murallas que separaban los berlineses del este y oeste en 1987. Con poderosas palabras cambiaron la historia de la humanidad.

Estos ejemplos demuestran que las palabras son capaces de sembrar en la mente de quien nos escucha la esperanza de convertirse en una mejor persona.

Expresiones como "tú puedes cambiar", "tú puedes hacerlo", "tú puedes levantarte", "tú puedes ser un comunicador poderoso", "tú tienes el poder de inspirar", "tú eres un líder" y "tú puedes ser feliz" revelan que la transformación de una persona es factible, gracias al poder de las palabras.

Las palabras informan, persuaden, motivan y entretienen. No importa el propósito de la oratoria, el fin siempre es el mismo: conectar emocionalmente a la audiencia mediante el poder de la palabra y lograr que consideren hacer algo distinto en sus vidas. Es importante que siempre visualices comunicándote con la audiencia y que tu mensaje tiene poder para alentar el cambio de vida en los concurrentes. Escúchalos y demuestra que te interesa agregar valor a sus vidas.

Visualiza comunicándote con el público

El 74% de la población estadounidense sufre de ansiedad social y temor de hablar ante un público (National Institute of Mental Health, 2012).

A este temor se le conoce como glosofobia. La palabra proviene del griego *glossa* (lengua) y *fobos*, (miedo o temor). Se manifiestan los siguientes síntomas físicos, verbales y no verbales:

- ➤ estrés, ansiedad y nerviosismo exagerados
- ➤ aumento en las palpitaciones cardíacas
- ➤ náuseas
- ➤ aumento en la presión arterial
- ➤ pupilas dilatadas
- ➤ sudoración
- ➤ rigidez del cuello
- ➤ sequedad en la boca
- ➤ espalda tensa
- ➤ mayor cantidad de inhalaciones
- ➤ voz o manos temblorosas

Pensar que debemos ser perfectos y no podemos cometer errores mientras exponemos sabotea nuestra confianza y aumenta nuestro temor oratorio de sentirnos aislados, desprotegidos o rechazados por la audiencia.

Una de las partes del cuerpo que claramente manifiesta cuán compleja es la actividad de hablar ante una audiencia son las piernas. Muchas personas experimentan y demuestran con estas que desean irse del salón donde están ofreciendo el discurso. Sus pies y piernas apuntan hacia la salida en señal de huida. El cuerpo los delata porque no pueden en ese momento manejar el estrés y la ansiedad que les provoca el acto de la oratoria.

Cuando se domina este temor, mejora en aquellos que lo experimentan la autoestima y la manera en la que establecen relaciones con los demás. Aprender a visualizar que nos comunicamos con la audiencia es crucial para atraer más oportunidades de crecimiento, éxito y estabilidad en la vida.

En los últimos veinticinco años, las investigaciones de los doctores Janice Kiecolt-Glaser, Ronald Glaser y Sheldon Cohen han demostrado que la habilidad de comunicarse y conectarse con otros de forma efectiva ayuda a preservar el equilibrio de nuestro sistema inmunológico. Además, se ha sugerido que estas destrezas de comunicación en pacientes con cáncer de mama han permitido que la recuperación sea más rápida.

La comunicación es capaz de rescatar nuestro cuerpo, nuestra alma y nuestra relación con la audiencia.

Para establecer el puente emocional con la audiencia, aprende a manejar la ansiedad. Siente el poder que te da la palabra para cambiar vidas. Experimenta la grandeza de provocar en los concurrentes una introspección en vez de sentir temor por comunicarte con ellos. Tú puedes conquistar cualquier miedo y derribar miles de barreras. Solo confía en el poder de la palabra.

Como oradora, siempre siento nerviosismo. Es lo que me empuja a hablar con la audiencia. La clave es cómo lo manejo para transformarlo en un elemento positivo del mensaje a transmitir.

Confía en ti

Transforma la expresión 'hablar frente al público' en 'comunicarme, conectarme con el público'. Cuando suavizas la primera oración, comienzas a tener más confianza.

- ➢ Piensa positivo. Elimina de la mente aquellos pensamientos que apelan al fracaso y de sentirte humillado por la audiencia.
- ➢ Escucha música que inspire. Una de mis favoritas es *We are the Champions* (Somos Campeones), de la banda Queen. Esto elevará tu espíritu.
- ➢ Corre o camina antes del discurso. La sangre fluye mejor y tendrás más oxígeno para hablar.
- ➢ Acepta que no podrás complacer a todos los tipos de audiencia.
- ➢ Practica y ensaya tu discurso o tu presentación tantas veces como puedas.

- Considera que no eres perfecto y que tu presentación no será perfecta.
- Investiga con anticipación el perfil de tu audiencia. Pregunta siempre por la composición de la audiencia, tamaño, edad, intereses, qué esperan del discurso.
- Reconoce que podrías olvidar algún tipo de información mientras comunicas tu mensaje. Concéntrate en los puntos más importantes del discurso o de la presentación. No imites a otros oradores. ¡Sé siempre tú!
- Cuenta tus historias de crecimiento para crear empatía con la audiencia. Hasta que no sepan quién eres, no te escucharán.
- No te escondas detrás de un atril o de un podio. Acércate a la audiencia. Siente sus emociones. Siente sus dudas. Sé valiente–vive con corazón y conecta con las emociones de la audiencia.
- Piensa que tu mensaje tiene valor para la audiencia.
- No siempre podemos responder a todas las preguntas de la audiencia. Cuando no puedas hacerlo, copia las preguntas y llama a las personas. Puedes contactarlas, también, por correo electrónico, lo antes posible.

¡Te diste cuenta que no morirás al hablar! Trabaja con los saboteadores íntimos de tus pensamientos (Olvera, 2011). Reprográmate para que la meta sea ofrecer un discurso o una presentación fluida y presentable, no perfecta. Siempre darás lo mejor de ti.

Supera los bloqueos mentales

Vince Lombardi decía que la diferencia entre una persona exitosa y los demás no es la falta de fuerza, ni de conocimientos, sino más bien de voluntad. Las actitudes de "no puedo", "no tengo tiempo ahora", "no tengo inspiración" y "todo me sale mal" son saboteadores mentales que promueven la dejadez y proscratinan nuestro deseo de preparar un gran discurso.

Cuando florezcan estas actitudes, haz lo siguiente:

1 Habla con un amigo que te motive a continuar.
2 Ensaya con personas que evaluarán tu discurso con la intención de ayudarte.
3 Busca un mentor.
4 Revisa la lista de metas como orador: qué deseas lograr y en cuánto tiempo. Mientras más te domine la actitud de "no puedo", más lejos y más difícil será lograr tus metas.
5 Visualiza que eres exitoso cuando tus palabras salen del corazón.

Recuerda que la actitud positiva te ayudará a enfocarte en organizar, estructurar y dar vida a un mensaje de crecimiento que iluminará a la audiencia.

Transforma los saboteadores mentales
en actitudes positivas

Reconoce si tienes saboteadores mentales que no permiten que tu palabra sea poderosa. Si es así, escribe en este espacio cuáles son.

1 _____

2 _____

3 _____

Cómo los superaré

1 _____

2 _____

3 _____

Cómo me mantendré libre de saboteadores mentales

1 _____

2 _____

3 _____

Capítulo 3

BUSCA IDEAS EN TU ALREDEDOR

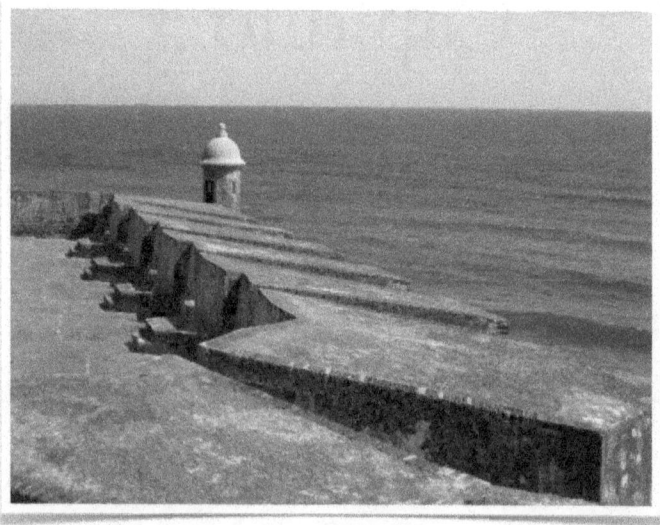

Busca Ideas en tu Alrededor

Bajo una serenata de hermosas melodías de aves que acompañan la majestuosa estructura de El Morro en Puerto Rico, comencé a inspirarme para escribir estas letras. Para que una idea o pensamiento cobre vida, necesita proyectar sentimientos, emociones. La idea puede surgir de lo que te rodea:

Tu familia
Tus hijos
Historias del trabajo
Libros y películas
La naturaleza
Anécdotas con humor
Travesuras cometidas
Lecciones aprendidas
Letreros
Conversaciones en la calle
Amores
Anuncios en el cine o en la televisión
Noticias en las redes sociales
Eventos políticos
La conciencia verde

La realidad es que todo lo que existe puede inspirarte a escribir, por más difícil que parezca. Además, como protagonista en la vida, tienes historias que contar. Historias que podrían persuadir a los demás a tomar acciones en sus vidas o regalarse la posibilidad de ser mejores, ser exitosos. Este es el momento para hacerlo.

En distintas ocasiones, las historias de crecimiento, transformación y retos de otras personas igualmente nos alientan a tomar algunos de sus episodios vividos como la base de nuestros discursos.

Las historias de los personajes que aprenden, sufren, caen, triunfan y se transforman en mente y alma son aquellas que permanecen en nuestra memoria por más tiempo y nos facilitan realzar nuestro mensaje de inspirar, motivar o persuadir.

Charlie Chaplin, uno de los genios más destacados del cine silente, transmitía en sus películas lo que había sentido y experimentado en las calles de Londres. Su infancia se caracterizó por la miseria.

Su padre alcohólico abandonó su familia cuando su hermano y él eran muy pequeños, hecho que los obligó a trabajar en la calle para buscar algo de comer, día tras día.

Estas experiencias forjaron su temple, lo que le ayudó a crear personajes que aún despiertan la conciencia del espectador sobre la realidad de millones de personas en el mundo que viven situaciones muy trágicas.

Otras historias de alto contenido emocional y realismo que pueden inspirarnos en nuestra propuesta de comunicación son:

➢ Inmaculeé Ibiza y el perdón ante la muerte
➢ La libertad tras el muro de Berlín

➤ Soraya, la libertad de la mujer islámica

➤ Chris Gardner y el poder del crecimiento

➤ Edith Piaf, de la calle al mundo

➤ Rubén Huertas, somos seres en construcción

Declara al universo que sí tienes el poder de contar y compartir historias. Organiza tus ideas y escríbelas. Si la inspiración te llega mientras conduces, grábalas en tu celular. Si la inspiración te llega mientras tratas de dormir, escríbelas inmediatamente. ¡No pierdas ni una de esas ideas! Aprovecha cada momento que estés libre y escribe un poco más hasta tener clara la estructura de la historia.

Algunos ejemplos de historias que podrías compartir con el mundo:

➤ Apegos en el amor que se transforman y nos llevan a la liberación emocional.

➤ Situaciones emocionales que logran descubrir nuestra grandeza interior.

➤ Retos económicos que nos convierten en los profesionales más cotizados.

En este espacio define algunas historias que te gustaría contar y compartir:

_____

_____

_____

Cada persona tiene el poder de transformar vidas y de transformarse a sí mismo. Tú, estimado lector, eres una de ellas.

> "No se puede decir lo que no se siente. Cuando la palabra tiene sentimiento y emoción, tiene poder."

Vive y comparte con emoción tus historias

La oratoria no solo ayuda a que encuentres tu voz, sino que tiene el poder de sanar tu alma a través de compartir tus historias con la audiencia. El proceso de preparación requiere introspección, por lo que resulta en una búsqueda y eventual descubrimiento de talentos, debilidades, fortalezas, miedos, dudas y sabidurías que componen nuestro ser. Comparte siempre lo que sabes, lo que sientes, lo que te ha hecho crecer.

Sócrates nos invitó a conocernos a nosotros mismos; el desarrollo de la oratoria facilita este descubrimiento. Esa valentía que nace cuando comenzamos a liberarnos de historias del pasado nos da la fuerza para ayudar a los demás a crecer.

Comparte con la audiencia aquellas historias que cambiaron tu manera de evaluar la vida y de sentir el mundo. Haz una introspección de esas historias y cuestiona:

- ¿Cuántas me marcaron?
- ¿Cuántas demuestran mi valentía?
- ¿Cuántas me transformaron para siempre?

> ➤ ¿Podría alguna de mis historias ayudar a los demás a salir de su estancamiento emocional?
> ➤ ¿Podría una de mis historias transformar personas que lo necesitan?

Posees un caudal de historias ricas en emociones en las que como protagonista experimentaste lo mejor y lo peor de la vida. Eso que aprendiste siendo el protagonista y ahora compartes podría salvar un ser humano, despertar un sueño o simplemente, persuadir para tomar un mejor rumbo en la vida. Cuenta tus historias, cuéntalas con emoción.

Contando historias

"Aisha vive en mí"
Elbia Quiñones, Discurso 2010

Nunca he visitado Afganistán; mis padres, tampoco. No obstante, tengo una hermana llamada Aisha... Bibi Aisha. Me sentí muy unida a ella desde que la vi. Su portada en la revista Time™ fue impactante, dramática. Despertó en mí un *tsunami* de emociones escondidas.

Su historia, una joven afgana de 18 años mutilada por su esposo talibán. Este le cortó, le arrancó sus orejas y nariz por haberle abandonado, por haberse escapado de la muerte. Mientras su cuñado la sujetaba, su esposo cruel y sin alma la mutilaba para castigarla, para que no protestara más, para recordarle que era su esclava.

Bibi Aisha se había casado con este monstruo a los trece años como pago de un asesinato cometido por un primo de su padre. Sencillamente fue lanzada a los leones, a su nueva familia que de forma bárbara y apoyada por el estado cometieron contra esta actos viles, violaciones insospechadas para callarla.

¿Qué sentí cuando la vi? No solo fue furia; sino desesperación. ¿Hasta cuándo continuarán estas violaciones, estas aberraciones físicas? ¿Por qué no son exterminadas estas almas nefastas y maquiavélicas de la faz de la tierra? ¿Qué nos pasa, mundo?

En Afganistán y en otros países del Oriente, las mujeres entre 15 y 45 años tienen más probabilidades de ser asesinadas o heridas por sus parientes masculinos que de morir debido al cáncer, la malaria, los accidentes de tráficos o las guerras, todos juntos. En Afganistán el 87% de las mujeres sufre de abuso por su pareja. La gran mayoría no sobrevive para contarlo. ¿Por qué tiene que suceder esto?

Conozco de cierta manera lo que mi hermana Bibi Aisha le tocó vivir. Fui víctima del maltrato físico y emocional. También escapé; dejé a mi esposo y al igual que Aisha fue peor esta acción.

Cómo olvidar esa tarde del 6 de enero de 1995. Luego de una velada de Reyes, traté con desesperación de lanzarme del auto en marcha. No podía seguir viviendo con su obsesión. Fue inútil mi intento. Logró impedirlo.

Al llegar al apartamento intentó asfixiarme. Nunca, nunca lo olvidaré. Lo peor fue que mientras gritaba por ayuda, gritaba con terror que me rescataran, todos mis vecinos se hicieron sordos. Todos se escondieron.

Mientras él me lanzaba contra las paredes del cuarto y trataba de luchar por mi vida, aprovechó para sacar su arma. En ese momento pensé: "pronto terminará esta agonía, por qué a mí?". Aún en momentos de terror, ocurren milagros.

Me empujó hasta la puerta y me sacó del cuarto. Tomó su arma, la apuntó hacia su frente. ¡Qué cobardía la suya! Se quedó inmuto mientras le observaba y le rogaba que no lo hiciera. Cerró la puerta, pero no lo hizo. Dios no lo permitió; sin embargo, desde ese día mi voz se silenció; no fue la misma. Perdió su fuerza.

Aisha, no obstante, ha decidido hablar y que la vean con su rostro mutilado. Con una belleza angelical demostrando que no importa que mutilen su cuerpo, su espíritu y su fuerza son inquebrantables.

No más silencio; mi voz se úne a tu voz. ¡Basta ya de violencia! Tú que me escuchas en la audiencia, ayúdanos a que no haya más violencia. Hazlo por ella puesto que Aisha vive en mí.

Capítulo 4

PREPARA SIEMPRE EL DISCURSO
CON UN PROPÓSITO

"Con solo comunicarse, ya se sale adelante. Pero si uno se comunica con arte, puede lograr milagros".—Jim Rohn

PREPARA SIEMPRE EL DISCURSO CON UN PROPÓSITO

Un discurso sin propósito es como una noche sin luna, un verano sin sol. Necesitas identificar su propósito antes de organizar y estructurar las ideas. En *Aisha vive en mí*, el propósito fue para inspirar y persuadir. Era importante recordar que cada vida tiene valor, y que si no actuamos, no podremos romper las cadenas del maltrato y de la violencia.

Esta guía te ayudará a lograr que tu discurso cobre vida con un propósito, claro y fácil de reconocer:

1 ¿Cuál es el tema a presentar, cuál es tu objetivo?

2 ¿Cuál es la ocasión del discurso?

3 ¿Qué espera de ti la audiencia, cuáles serán los beneficios de escuchar tus ideas?

4 ¿Cuánto tiempo tienes y a qué hora será? Por la mañana se procesa más información técnica que por la tarde; si es de noche, requieres más elementos de humor.

5 ¿Es un discurso para inspirar, motivar, persuadir, entretener, informar o educar?

Tipos de propósitos

Los discursos nos permiten inspirar, motivar, entretener, informar, educar y persuadir a la audiencia.

La realidad es que todos estos tipos de propósitos tienen un elemento común, la persuasión. Influenciar a los oyentes para que estudien su interior, logren sus metas personales y crean en ellos es una manera de persuadirlos. Cuando informamos, educamos o con humor presentamos una historia o una anécdota personal, muchas veces utilizamos el recurso de la moraleja para invitarlos a reflexionar sobre su estatus actual. Nuevamente recurrimos a la persuasión.

En general, el propósito nos ayudará a determinar la introducción para invitarlos a escucharnos con empatía, qué necesitamos para añadir valor a sus vidas y cuál será el llamado a la acción mediante el elemento de la persuasión. Escucha discursos que transformaron la humanidad con un claro propósito; desde discursos inaugurales de presidentes (John F. Kennedy, Bill Clinton, Barak Obama), eventos trágicos (Ronald Reagan posterior a la explosión del Challenger), llamados durante las guerras (Winston Churchill, Dolores Ibárruri) hasta discursos excepcionales de humor (Charlie Chaplin y Cantinflas).

Para leer y escuchar estos discursos:

> http://www.history.com/speeches
> http://www.taringa.net/discursos
> http:/discursosparalahistoria.wordpress.com

Una vez hayas identificado el propósito del discurso, organiza las ideas de acuerdo con una de estas maneras:

Por orden cronológico: Es muy apropiado para compartir experiencias muy íntimas, aquellas que te marcaron o para presentar historias de personajes que te han cautivado y te han ayudado a crecer. Divide el tema en tres tópicos o etapas cruciales de la vida del personaje a presentar.

Tema principal: *"Edith Piaf, la diva rebelde"*

La niña, abandonada por su madre y criada por las prostitutas del burdel que su padre administraba, recuperó su visión luego de una peregrinación a la gruta de la santa Thérèse Liseux, pagada por estas. Este tan solo es uno de los momentos trascendentales en la vida de la leyenda francesa, la diva Edith Piaf.

> *Tópico 1* Su infancia y adolescencia en la calle
> *Tópico 2* De gorrión a diva
> *Tópico 3* La leyenda y muerte

Usa el recurso de la analogía: Compara tus ideas con un objeto o un animal. En una ocasión escuché un discurso que comparaba el ser humano con una goma elástica. Mientras más se estira la goma–la persona, mayor la capacidad de resistir a los dramas de la vida.

Por situación y solución: Se presenta una situación o un reto y sus posibles soluciones.

Situación: Veinte millones de jóvenes adictos a las redes sociales han abandonado sus estudios universitarios.

> *Solución 1* Organizar foros en línea para investigar el perfil de estos jóvenes y las causas para abandonar sus estudios.

Solución 2 Acercar estos jóvenes a programas universitarios virtuales.

Solución 3 Establecer alianzas con los centros universitarios y patronos para promover el empresarismo.

Con una cita

Las citas son muy efectivas y poderosas en cualquier parte del discurso. Invitan a la audiencia a reflexionar sobre lo que están viviendo para unirlo a lo que otros ya experimentaron. Por ejemplo: Charlie Chaplin dijo una vez: "El tiempo es el mejor autor; siempre encuentra un final perfecto". Esta cita me permitió hacer una transición en el discurso *Escondida...no más* y presentar cómo salí del clóset donde me escondía para sobrevivir de la violencia por género.

Asimismo puedes citar eventos de la historia para darle forma a tu discurso. Un ejemplo es: "Hace cincuenta y tres años, un 10 de marzo como hoy, trescientos mil tibetanos protegieron al Dalai Lama de ser emboscado por los militares chinos. Al igual que la rebelión tibetana, la oratoria es capaz de revolucionar el espíritu y transformar el alma de quienes lo anhelan".

Para citas y frases accede:

http://www.frasescelebres.net
http://www.frases.org
http:/www.history.com
http://www.worldofquotes.com

Tres por Tres

Una de las estructuras más sencillas y fáciles que podemos utilizar para delinear y preparar un discurso es el sistema de *Tres por Tres*. Las personas pueden fácilmente recordar cosas que se organizan en grupos de tres. Utilizamos la misma estrategia para desarrollar discursos, independientemente de su duración.

El sistema trabaja de la siguiente manera: cuando tengas que ofrecer un discurso, charla, conferencia, presentar un taller, curso, clase, participar de un conversatorio o simplemente hacer un brindis, divide el tema de la ocasión en tres partes, luego comentas o elaboras tres detalles de cada una de esas partes. Recordar tres detalles de cualquier cosa es muy simple.

De igual modo, es fácil improvisar cuando se utiliza una estructura como esta. Personas que nunca han hablado ante una audiencia pueden de manera veloz desarrollar un discurso muy elaborado siguiendo los pasos y definiendo tres cosas de cada punto que desea exponer.

Hagamos un ejemplo. Supongamos que te encuentras en una boda y de repente te solicitan que pronuncies unas palabras con relación al novio, a quien conoces hace mucho tiempo.

Esto te sorprendió porque no esperabas enunciar un tipo de mensaje como este. Utilizando el sistema de *Tres por Tres*, podrás desarrollar un mensaje poderoso y elocuente. Veamos.

1 ¿Cómo conocí al novio?

   a ¿Dónde me encontraba cuando lo conocí?
   b ¿Cuál fue la ocasión?
   c ¿Quién más estaba presente ese día?

2 ¿Cómo es nuestra relación de amistad hoy día?

   a ¿Cómo nos mantenemos en contacto?
   b ¿Qué actividades compartimos en común?
   c ¿Cómo impactó su vida el conocer a la novia, quien hoy es la esposa de su amigo?

3 ¿Qué esperas le deparará el destino a tu amigo?

   a ¿Cómo se impactará tu amigo tan pronto nazcan los hijos?
   b ¿Qué deseas para tu amigo y su actual esposa?
   c Ofrece unas palabras alentadoras para tu amigo.

Desarrollar este tipo de discurso no requiere que te apartes para prepararlo ni esperar que te inspires para escribirlo. Solo requiere dividir el tema en tres partes que tengan sentido y elaborar tres detalles de cada una de sus partes. Podrás definir cualquier tipo de presentación en varios minutos. Si fueras a presentar un taller o seminario, el cual requiere más tiempo, usa el sistema de *Tres por Tres*.

Este sistema es muy efectivo para estructurar y guiar la investigación que realizarás para darle vida a tu mensaje. *Tres por Tres* es un excelente sistema para delinear con poder una exposición. Escribe siempre con un propósito.

SISTEMA TRES POR TRES

Introducción al Tema (10%)

1 _____

2 _____

3 _____

Desarrollo Tema (80%)

1 _____

2 _____

3 _____

Cierre del Tema (10%)

1 _____

2 _____

3 _____

Capítulo 5

VISUALIZA TU DISCURSO
COMO UN BENTO JAPONÉS

Visualiza tu discurso como un bento japonés

El bento es, en la cocina japonesa, un paquete de comida que se puede llevar fuera de la casa. Se compone de varias comidas individuales que se llevan en cajas, generalmente con departamentos separados para no mezclar los productos. El bento típico incluye arroz cocido al vapor y varios acompañamientos.

En la oratoria, podemos estructurar el discurso con distintos ingredientes similar al bento. Mezcla estos ingredientes en las cajas del bento de tu discurso:

1 Introducción

> Como indicamos en el capítulo anterior, no deberá tomar más de 10%. Es la parte que motiva a la audiencia a escucharte. En esos primeros minutos de tu exposición, despierta el interés de los oyentes a través de uno de estos recursos: testimonio personal, una cita de un líder mundial, anécdotas, una aseveración, el uso de un objeto (prop), una frase poderosa o una pregunta retórica.

2 Cuerpo

> En los departamentos del bento organiza y selecciona las ideas. Estas serán parte del conte-

nido del cuerpo de tu discurso. Mientras más ideas, más departamentos tendrás. Lo importante no es sobrecargar el bento; sino, que esas ideas sean lo suficientemente ricas para atraer a tu audiencia a cambiar sus vidas o invitarlos a reflexionar hacia dónde quieren ir y qué pueden alcanzar. Este contenido debe tener fluidez, una precisa relación de una idea con otra y abundancia de historias emotivas. Combina, además, citas y datos estadísticos para apoyar tus ideas. Siempre relevante para tu audiencia.

3 Cierre o Conclusión

Si tu discurso tiene una duración de una hora, por lo menos un 10% de este ingrediente formará parte de esta hora.

60 minutos (.10) = 6 minutos

Por ser las últimas palabras que escuchará la audiencia, se grabarán por más tiempo en la memoria de los oyentes. En este ejemplo, estos seis minutos comprenderán: un resumen del tema tratado, destacar los puntos básicos, enfatizar lo que deseas haga la audiencia y recalcar los beneficios de hacerlo. Será una exhortación a la acción.

Deja el bento de tu discurso en un lugar fresco. Cúbrelo con tu pasión. Tan pronto esté preparado, ensaya hasta hacerlo tuyo. Pronto lo compartirás con la audiencia.

Estructura general del discurso

"Escondida...no más"
Elbia Quiñones, Discurso 2011

Este discurso es un ejemplo de cómo se trabaja el bosquejo de la estructura. Dividir el discurso en partes como los compartimientos de un bento te permitirá identificar lo que puedes mejorar, resaltar y llenar de emoción para que sea más fácil a la audiencia seguir tu mensaje.

Introducción

El mejor regalo que cualquier ser humano puede recibir en Navidad o en cualquier época del año es precisamente el regalo que recibí cuando menos lo esperaba. Hoy, les contaré cómo salí del clóset; no solo del clóset sino cómo salí del *hamper,* de esa cesta en la cual encerraba mis emociones. Ese fue el mejor regalo que he recibido y la oratoria ha sido de gran ayuda.

Desarrollo/Cuerpo

Tres elementos que quise compartir:
1 Cuánto tiempo estuve escondida en mi interior
2 Cómo fue la persecusión
3 Cómo salí del escondite interior

Decía Gustave Flaubert, un escritor y novelista francés: "El futuro nos tortura y el pasado nos encadena. Por eso se nos escapa el presente". La realidad es que por veintitrés años se me escapó el presente.

Pensé que para sobrevivir debía continuar escondida como aquella mañana que se apareció ese hombre maquiavélico para sacarme del apartamento de mi tía, obstinado conmigo y con un amor temerario que a penas me permitía respirar, me permitía ser yo.

Esa mañana intentó derribar la puerta y en lo que corría para esconderme, el único sitio que encontré fue un *hamper*, una canasta grande–llena de ropa. Mis huesos, en ese entonces eran extremadamente delgados. Su persecución constante había logrado que dejara de comer, perder el peso fue muy sencillo y muy espeluznante a la vez. Cuando me di cuenta que poco faltaba para perder mi vida, tomé valor y decidí dejarlo.

Cancelé la boda y fue peor. Detoné una bomba nuclear que estaba a punto de quemarme. No cesó de perseguirme hasta dar con el lugar donde me protegía de su maldad. Llegó esa mañana muy sigiloso, como un miserable ladrón, para sacarme con fuerza.

Entre mi tía y mi hermana lograron que el ruin hombre se marchara. Los policías nunca llegaron y yo, nunca salí del clóset. Por semanas me escondí en ese armario, en ese *hamper* que nunca olvidaré. Me aterraba la idea que me persiguiera y ahogara mis deseos de vivir.

Con el tiempo, físicamente salí del armario. Por fortuna, lo trasladaron a Estados Unidos y por fin rescaté mi cuerpo. Sin embargo, no pude rescatar mis emociones, mi voz ni la luz de crecimiento que todos llevamos en nuestro interior. Por veintitrés años permanecí silente, sin saber qué hacer, sin sentir la motivación genuina que nos inspira a levantarnos cuando caemos o nos hacen caer.

Charlie Chaplin, el genial actor y productor, decía: "El tiempo es el mejor autor; siempre encuentra un final perfecto". Hace tres años salí del clóset y del *hamper* donde estaba escondida para sobrevivir. Encontré un final perfecto.

En las festividades de año nuevo de 2009, mi compañero Rubén y la oratoria conspiraron para darme el regalo perfecto. Me regalaron la emoción de vivir, de descubrir, de explorar mi interior para crecer. No he dejado de crecer porque aprendí a salir del clóset... del *hamper* donde moría Elbia día tras día.

Recuperé tres grandes emociones y sentimientos: 1) la pasión por aprender, 2) la humildad de reconocer que debo siempre entregarme a una audiencia y 3) el poder transformacional que se gana cuando se comienza a crecer. Mi vida tiene un propósito ahora, gracias a la oratoria.

Cierre

Probablemente llegaste a un programa de oratoria por algún encierro mental. En vez de una canasta de ropa, un *hamper* que representaba mi encierro, probablemente fue un divorcio, pocas oportunidades en la vida o quién sabe...muchas y no saber apreciarlas y trabajarlas.

No importa el encierro mental, la liberación que ocurre a través de la oratoria de espíritu, de alma es trascendental. Acepta este regalo no importa el día, el mes, el año. Úsalo, no lo guardes en un clóset y mucho menos en un *hamper* de emociones negativas.

En esta Navidad, que mediante la oratoria regrese el calor a tu corazón, la generosidad de compartir regalos de transformación con otros y la esperanza de seguir adelante. Recibí mi mejor regalo de vida a través de la oratoria; aprendí a vivir fuera del clóset, fuera del *hamper*. Escondida…no más!

De igual modo, puedes cerrar tu discurso con una cita, un reto o una invitación, felicitando a los concurrentes, con una frase que la audiencia repita, con una cita de un personaje del cine ajustada al tema presentado o un recurso audiovisual. En el cierre de *Escondida...no más* se repite el título del discurso. Selecciona la manera más apropiada para cerrar el ciclo de tu mensaje y para que la audiencia recuerde tus palabras por más tiempo.

Conecta a la audiencia con el título del discurso

Los títulos de los discursos son invitaciones planeadas para atraer a la audiencia, para iniciar la conexión emocional que tanto anhelamos. Luego de estructurar el discurso, asigna suficiente tiempo para definir su título. Asegúrate de que sea impactante e informativo.

Un buen título implica que sea fácil de entender, se pueda recordar por mucho tiempo y paree con el mensaje del discurso. En algunas ocasiones he escuchado discursos en los cuales el título no se relaciona con la información o el mensaje que está ofreciendo el orador. Se desperdicia el primer intento de conectarse emocionalmente con la audiencia.

Para evitar esta situación es importante que definas un título atractivo. ¿Qué podría ayudarte? Leer, escuchar y observar. Lee periódicos, revistas, artículos en la internet, *billboards* de las calles y avenidas. Escucha la radio, programas televisivos, noticias, cualquier medio que pueda despertar tu creatividad.

El título requiere mucha atención del orador porque es el que establece el tono del discurso: informativo, motivacional, persuasivo o para entretener. Un ejemplo de tres títulos para un discurso del movimiento verde:

"Conoce el mundo verde"
"Conciencia verde para salvar el planeta"
"Siete maneras de ahorrar dinero en tus bolsillos cuando actúas para salvar el planeta"

El tercer título es el que brinda beneficios a la audiencia, es el más poderoso. Será por más tiempo recordado porque el espectador tendrá siete maneras de mejorar su estatus económico a través de la conciencia verde.

Para llamar la atención de los participantes y despertar su interés haz referencia del título en múltiples ocasiones o divides el tema principal en distintos subtópicos relacionados al título. Cierra el discurso con el título.

Recuerda, es importante que el título agregue poder al discurso y que de inicio la audiencia piense en que existe la posibilidad de ocurrir un cambio positivo para sus vidas. Que el bento de tu discurso incluya todos los ingredientes necesarios de principio a fin para que los oyentes sientan que es la experiencia más enriquecedora de sus vidas.

Capítulo 6

QUE TUS PALABRAS REVELEN TU CORAZÓN

"Las resoluciones profundas de largo curso y huella duradera no la hacen los escritores; sino los oradores".

—Adolfo Hitler

QUE TUS PALABRAS REVELEN TU CORAZÓN

Lo que decimos, pensamos y proyectamos son un reflejo de nuestro interior, de quiénes somos. Las palabras que usamos pueden causar malos entendidos, destruir negocios y disolver matrimonios. Cuando enuncio: "Te equivocaste", ¿cómo se sentirá el que lo escucha?

En la oratoria cada palabra puede impulsar a una persona de la audiencia a cambiar su vida o decidir que se mantendrá igual. Cuida tus palabras y que sean estas las que persuadan a los que escuchan a realizar algo nuevo, distinto y positivo para ellos.

Jim Rohn, uno de los filósofos empresariales más exitosos del mundo, decía: "La meta de la comunicación eficaz debe ser que el que escucha asevere, "¡Yo también!", en vez de "¿A mí, qué? Para que la comunicación sea efectiva, debe ser breve. Jesús dijo, "Sígueme". Eso se llama brevedad. Este se había convertido en aquello que comunicaba sin tener que decirlo (Rohn, 1993)". No es lo que digas, sino cómo la audiencia escuchó el mensaje y cambió su vida. Cuando prepares el mensaje del discurso, reflexiona primero en:

Mis palabras	*Cómo podrían ayudar a quienes las escuchan*
Mis pensamientos	*Son positivos o negativos*
Mis actitudes	*Demuestran que edifico o destruyo esperanzas*

Cómo decirlo

Mientras escucho la maravillosa ópera francesa Carmen, de esa fiera gitana de Sevilla fascinada por el amor, siento que la bella música sobresalta todos mis sentidos y me inspira con emoción en el tema de cómo decir las cosas.

Las palabras de un discurso, al igual que la música, deben apelar a los sentidos de la audiencia para que esta pueda ver, oír, sentir, saborear y oler las imágenes mentales que provocan nuestro mensaje. Deben estimular la imaginación y ser tan descriptivas que la audiencia pueda visualizar lo que estás diciendo.

Si estás contando una historia popular, sé lo más descriptivo posible para que los oyentes puedan construir esa imagen mental del lugar, del personaje, de las emociones que se vivieron en ese momento. Usa expresiones verbales como imagínense, sientan, vean o escuchen para permitirle que abran sus sentidos, conectarlos con el mensaje y darles la oportunidad de involucrarlos en el discurso.

Por ejemplo: "En aquella noche estrellada, en la que el viento acariciaba con dulzura los rostros de los amantes, el mundo cambió para siempre. Se escuchó la ruptura del bien y el mal y la humanidad se estremeció. Esta noche, a través de esta historia, sentirán las emociones que vivieron Libiza y Ruelé mientras escapaban de Rwanda y le enseñaban al mundo que nunca, nunca debemos rendirnos".

Tus palabras son poderosas, no importa si eres un cantante, escritor, político o estudiante universitario. La credibilidad con la que transmitimos las palabras puede tener el efecto de cambiar una vida o miles de vidas. Sé siempre congruente entre lo que dices y lo que haces. Abre tu corazón y comparte con la audiencia algo valioso para transformar sus vidas. Se trata siempre de exhaltar la audiencia. No se trata del orador ni de cuánto puede crecer su orgullo.

Hace más de dos décadas, King y Gilbert (1994) destacaron una combinación exitosa de elementos en la receta de cómo decirlo:

1 Sé siempre honesto al hablar
2 Menciona de qué hablarás
3 Háblalo
4 Habla sobre lo que conozcas
5 Mira a la audiencia
6 Ábrete a la audiencia
7 Haz un resumen de lo que hablaste durante el cierre
8 Demuestra que tienes deseo de hablar el tema

El público te escuchará solo si conoce primero algo de ti. Para que seas escuchado, atendido y entendido es necesario que los concurrentes conozcan primero algo de ti y sientan que tienen vivencias comunes. Comparte una historia muy personal. Un discurso implica tener algo que decir sin pretención alguna y con el interés que los que escuchan puedan crecer a través de tu palabra.

Cuando tienes experiencias comunes con la audiencia, la conexión es mayor. Los expertos aseveran que aumenta la probabilidad de escuchar cuando el orador demuestra:

1 Poseer experiencias de triunfos y caídas en la vida
2 Tener compasión y preocupación
3 Es consistente
4 No es exagerado
5 Tener convicción en lo que comunica

Trabajar en el elemento de cómo decirlo es tan importante como definir las ideas a transmitir. Asigna tiempo para estudiar, escuchar y evaluar tu discurso.

Asegúrate que la proyección de tu palabra sea sincera, que sincronice con los gestos del cuerpo y que siempre proyectas credibilidad para que te escuchen. Recuerda, además, que cuando tienes elementos comunes con la audiencia es más fácil conectarte con emoción.

¿Qué espera la audiencia de ti?

Para tocar los corazones, habla con convicción y añade valor a las vidas de los que te escuchan. Comunícate con dominio y sentimiento. Esto te dará poder. Lo que piensa la audiencia de ti afectará su conexión con tu mensaje. Por lo tanto, cada oyente debe sentir que realmente estás interesado en mejorar su vida.

Se dice que solo 7% del contenido verbal del mensaje logra impactar a la audiencia y que el resto es el tono de voz y el impacto visual. La realidad es que cuando los participantes decodifican la intención y la actitud del orador hacia las palabras que pronuncia, son sus emociones las que cautivan a la audiencia y este porcentaje podría ser mayor.

Para la audiencia es tan importante la ejecución del orador como sus cualidades. Ese marco perceptual que se crea cuando escuchamos por primera vez al orador determinará, en gran medida, el grado de conexión con la audiencia y cuán rápido ocurrirá esa relación tan íntima y espiritual entre el expositor y el oyente.

Para que te escuchen debes ser siempre creíble

El mensaje que transmitas será creíble solamente si eres percibido de igual manera. Cuán creíble seas afectará la percepción de tu prestigio, reputación y tu capacidad de ser competente para compartir ideas y conocimientos útiles para la audiencia. Se espera que esta cualidad intangible la proyectes, antes y después de tu intervención con los siguientes elementos:

Tu proyección visual y física sea congruente

Tu personalidad, vestimenta, actitud de crecimiento, estado físico y liderazgo deben ser congruentes con tu presencia. Lo que la audiencia percibe de ti debe ser cónsono con quien eres realmente.

Si tu mente y cuerpo están en equilibrio, proyectarás seguridad, convicción y poder. Si no lo están, perderán el interés en escucharte y aprender a través de tu mensaje.

Dominas el tema y sientes empatía por sus historias

Transmite cuán capacitado estás para comunicar el mensaje y para ayudarlos a convertirlos en mejores personas y profesionales en la vida. Esa experiencia de conocer y ser experto en el tema les ayudará a sentirse cómodos contigo. De igual modo, siente empatía por sus situaciones y retos, escúchalos para entenderlos y establecer una relación de confianza. Cuando te relacionas con sus historias, es más fácil que abran sus corazones para escuchar las tuyas.

Ayúdalos a salir del encierro mental que algunos viven y no sienten que tienen oportunidades en la vida. Un orador siempre está al servicio de los demás.

Eres íntegro y transparente

Que tus acciones como profesional, padre, madre, hermana, hermano, hijo, hija demuestren siempre que no comprometes tus valores y la moral por la ambición. Sé honesto, íntegro y dispuesto a mejorar las vidas de quienes te rodean.

En general, la audiencia espera que:

1 Domines el tema. Lee y aprende todos los días más sobre el tema o los tópicos que discutes públicamente. Enriquece también tu vocabulario.

2 Estés preparado. Mientras más preparado, mayor conexión con los oyentes.

3 Identificaste el propósito del mensaje. Relaciónalo con la audiencia. Es importante que te preguntes: ¿Qué deseas la audiencia logre después de escuchar tu discurso? ¿Qué elementos nuevos aprenderán?

4 Uses lenguaje apropiado. Utiliza las palabras según el tipo de audiencia y el evento. Evita las muletillas (ah, eh, um, ajá, etc). Utiliza pausas en los momentos que requieras destacar una idea o presentar un desenlace de una historia.

5 Seas entusiasta y apasionado.

6 Seas creativo y diferente.

7 Proyectes convicción en tus palabras.

8 Demuestres poder con tus palabras.

9 Te sientas seguro en lo que comunicas y
   no le temes a la audiencia.

10 Crees en ti y en tu mensaje.

Cuando tus cualidades demuestran que eres competente, creíble y te interesa el bienestar de la audiencia, quienes te escuchan abren sus corazones para recibir de tus palabras la esperanza de cambiar sus vidas. Sé íntegro y transparente para que tú, la fuente del mensaje, siempre puedas conectarte con la audiencia.

Asegúrate, también, de que en algunas de tus historias el héroe sea la audiencia. Es una manera poderosa de aumentar tu credibilidad y de mantenerlos conectados a tu mensaje.

Capítulo 7

TU OÍDO, EL MEJOR JUEZ EN LA ORATORIA

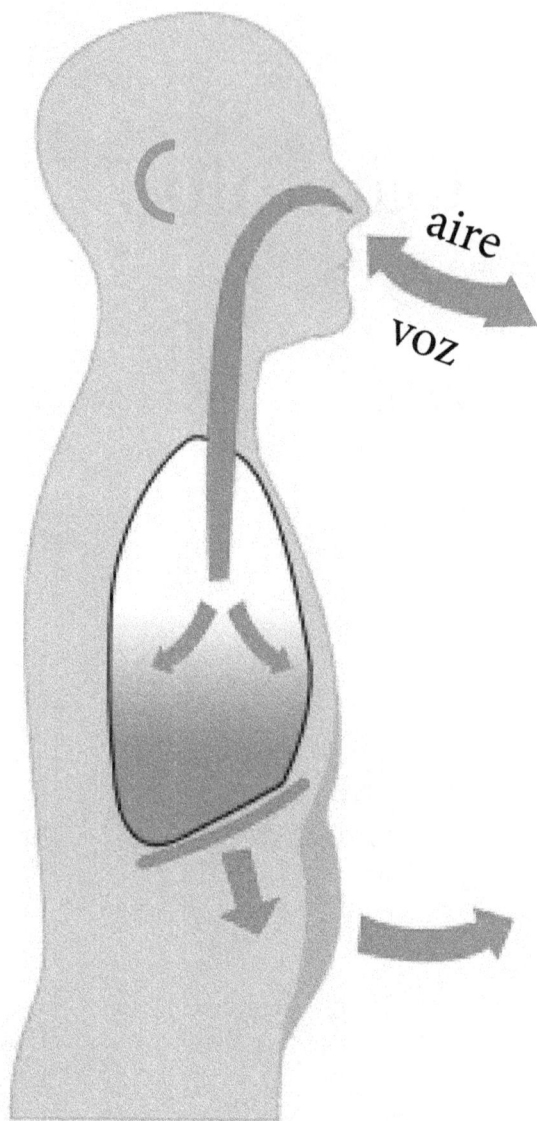

aire

voz

RESPIRACIÓN DIAFRAGMÁTICA

Tu oído, el mejor juez en la oratoria

La voz es la base de la expresión oral. Es el vehículo para comunicarse y conectarse con la audiencia. Mientras más la cultives, más impacto tendrá al ser escuchada por las personas que te rodean o por aquellos que comparten contigo en las actividades profesionales.

La voz refleja siete emociones muy similares a las que proyecta nuestro rostro: tristeza, sorpresa, miedo, coraje, disgusto, alegría y desprecio. Estas emociones se expresan con una determinada velocidad y volumen para conectar la audiencia con tu mensaje.

Indiscutiblemente la voz es la estrella de las comunicaciones orales (Rodríguez, 1994). La relación del expositor con la audiencia se solidifica cuando esta escucha su voz. Cambia con poder la primera impresión causada por la apariencia, la vestimenta y los gestos.

Cómo se produce la voz

El sonido de la voz se genera cuando pasa el aire por la laringe, causando vibraciones en las cuerdas vocales. En este proceso intervienen tres grupos de órganos:

Órganos de respiración	pulmones, bronquios y tráquea
Órganos de fonación	laringe, cuerdas vocales, nariz, boca y faringe

Órganos de articulación   paladar, lengua, dientes,
                           labios y glotis

En la oratoria se inhala por la nariz y se exhala por la
boca. Es primordial mantener una postura adecuada y
respirar utilizando el diafragma para que el sonido sea
claro y fuerte. Además, es esencial que escuches tu voz.
Grábala y que tu oído sea el mejor juez que aprecie cómo
es su sonido y cómo puede mejorar. Solo tú tienes el
poder de transformarla.

Acepta el color de tu voz

Uno de los desafíos más grandes que enfrentamos los
oradores es encontrar la manera sublime de cómo decir
las cosas, cómo lograr que nuestras palabras se mantengan
vivas en la audiencia y sobre todo, cómo resaltar el lado
positivo de las cosas para que aquel que nos escucha sienta
que tiene una esperanza de ser mejor, de vivir mejor. Para
conquistar a la audiencia es fundamental que aceptes el
color de tu voz, con sus debilidades y fortalezas. Grandes
oradores de Grecia y Roma como Isócrates, Demóstenes
y Quintiliano trabajaron con sus voces y las entrenaron
con pasión para transformarlas.

De igual modo, estos estudiaron las técnicas de
oradores poderosos que les permitieron encontrar el
estilo de oratoria que más se asemejaba a ellos. Esto
demuestra que cuando aceptamos el instrumento
de la palabra tal cual es podemos transformarlo y
proyectarlo con poder, fuerza y credibilidad.

Aprende a respirar para mejorar tu voz

¿Alguna vez te has sentido muy cansado cuando lees, cantas, presentas un discurso o una charla? Probablemente el responsable de este cansancio y fatiga sea la respiración. Sin aire no puedes hablar por mucho tiempo y con la fuerza necesaria para conectarte con el que te escucha. Para mejorar la voz y la variedad de tonos, centra tu respiración en el diafragma.

Este tipo de respiración comienza con la nariz en la que se filtra el aire, se calienta y se humedece. El aire se deposita en el abdomen, lo que provoca que el diafragma lo impulse para que las cuerdas vocales vibren. Se consume menos aire, se relajan más los músculos, aumenta el volumen de voz y se habla sin fatigarse por más tiempo.

Cómo se respira

De pie, aspira aire lentamente. No levantes los hombros ni el pecho. Siente que el estómago se levanta. Luego expeles el aire hasta que notes que el estómago se desinfló. Un ejercicio que puedes realizar en cualquier lugar es:

Inspira aire por la nariz durante treinta segundos. Lo mantienes por diez segundos. Luego, pronuncia la vocal "aaaaaaaaaaaaaaaaaaaaaaa" hasta que pierdas el aire. Mide el tiempo que te tomó perder todo el aire mientras pronunciabas la vocal. Repite este ejercicio cinco veces por la mañana y cinco veces por la tarde durante una semana.

Cambia a otra vocal como la "uuuuuuuuuuuuuuuuuuuu uuuuuuuuuuu" o combina una consonante con una vocal "mmmmmmmmmmuuuuuuuuuuuuuuuu".

Para mejorar tu voz practica estos ejercicios con frecuencia y ten fe que tu voz será más fuerte y clara. Te cansarás menos y tu palabra será aún más poderosa.

Si ellos lo lograron, tú también puedes

El gran orador griego, Demóstenes y el primer ministro británico, Winston Churchill fueron tartamudos. Esta condición afecta aproximadamente a 40 millones de personas en el mundo.

De acuerdo con Wikipedia, la tartamudez o disfemia es un trastorno de la comunicación con frecuentes interrupciones involuntarias del habla acompañados de tensión muscular en el rostro y cuello. Causa miedo, estrés y sentimientos de culpabilidad en aquellos que lo padecen.

Demóstenes trabajó con intensidad su voz. Practicaba los discursos frente a las olas del mar para desarrollar la fuerza y el alcance de su voz. Churchill con una memoria envidiable revisaba sus discursos y practicaba una y otra vez hasta lograr que el discurso fuera tan emotivo como él. En el artículo no publicado *The Scaffolding of Rethoric (El andamiaje de la retórica)* desglosa los cinco elementos de un discurso eficaz (Churchill, 1897):

Estilo	Utilizar la palabra más elegante posible.
Ritmo	Fluidez, equilibrio entre las palabras y las ideas. Visualizarlo como una composición musical.

Argumentos	Compilación de datos que fundamenten una conclusión lógica, creíble y fuerte.
Analogías	Una de sus armas favoritas. Cito: "Nuestras cualidades y nuestros actos deben arder y brillar en la penumbra de Europa hasta que se conviertan en la verdadera luz de su salvación". Era un maestro del uso de las figuras retóricas.
Extravagancia	El abanico de emociones que debía proyectar y sentir como orador. Dramatizaba las mismas: exponía con dolor cuando quería que los oyentes lo padecieran; con coraje, para que se indignaran y sintieran ira. Le llamaba la "extravagancia salvaje".

A Winston Churchill le tomaba entre seis y ocho horas desarrollar el esquema de un discurso de cuarenta minutos. Era muy específico con su estructura: un tema por discurso con un llamado a la acción, con pausas y pinceladas de humor. Sus destrezas retóricas han sido admiradas y reconocidas por John F. Kennedy, George W. Bush y Barack Obama, entre otros.

Tu voz necesita fuerza

Para que tu voz tenga presencia (claridad y capacidad de apelar a las emociones) y resonancia (rica en tonos, profundidad y sea agradable al escucharla) debes inyectarle fuerza. Esto lo lograrás mediante ejercicios para entrenar la voz. Comparto contigo once ejercicios de mantenimiento que podrás utilizar para fortalecer los órganos que intervienen en la producción del sonido de la voz. ¡Que el sonido de tu voz genere fuertes vibraciones en el área nasal!

Ejercita tu voz

Muchas personas hablan con la boca muy cerrada (mascullar), no mueven los labios y no se entiende lo que dicen por tener un tono de voz muy bajo. Con estos ejercicios vigorizamos los órganos del aparato fonador, desarrollamos la fuerza de nuestra voz y mejoramos nuestra pronunciación y dicción.

Ejercicio 1   Levanta la cara y abre la boca lo más grande posible. Repite palabras y oraciones de manera clara y completas. Elige una frase a la cual le darás una entonación distinta.

Ejemplo: *Transformaré mi voz.*

Preguntando: ¿Transformaré mi voz?
Con alegría: ¡Transformaré mi voz!
Con dudas: ¿Transformaré mi voz?
Con enojo: ¡Transformaré mi voz!
Con miedo: ¡Transformaré mi voz!

Ejercicio 2   Practica trabalenguas; primero los lees lentamente y luego con rapidez. Mientras más rápido, más se acostumbrará la lengua y el resto de los órganos articular el sonido (Se incluye una sección para trabalenguas en otro capítulo).

Ejercicio 3   Dramatiza un cuento, fábula, leyenda, pieza teatral: cada personaje te dará un matiz distinto en la voz.

Ejercicio 4   Repite palabras y oraciones con una sola vocal. Ejemplos:
"Yo solo toco trombón"
"Mamá hará tarta mañana"

Ejercicio 5   Piensa que estás en un noticiario de televisión. Lee y presenta en voz alta una noticia de actualidad con distintos tonos.

Ejercicio 6   Lee y dramatiza en voz alta noticias de periódicos o de la internet. Sé un locutor de anuncios de la radio y la televisión.

Ejercicio 7   Muerde un lápiz, como si tuvieras un freno de caballo en la boca. En esa posición, lee un texto de una novela, un poema o una noticia. Haz este ejercicio durante cinco minutos. Sentirás que poco a poco se relajan los músculos de la cara.

Ejercicio 8   Lentamente y en voz alta lee un texto de un libro. Silabea de esta manera:
"She-re-za-da re-la-ta-ba-cuen-tos-al-Sul-tán".

Ejercicio 9   Practica la gimnasia vocálica. Repite estas secuencias de vocales, varias veces al día.

AA	AE	AI	AO	AU
EA	EE	EI	EO	EU
IA	IE	II	IO	IU
OA	OE	OI	OO	OU
UA	UE	UI	UO	UU

Ejercicio 10   Mueve la lengua de estas maneras:

> ➤ Saca la lengua fuera y luego la introduces en la boca.
> ➤ Mueve la lengua, dentro y fuera de la boca, de derecha a izquierda y de arriba abajo.
> ➤ Relame el labio superior e inferior.
>   Coloca la punta de la lengua en las muelas superiores de derecha a izquierda, al igual que con las muelas inferiores.
> ➤ Infla con la lengua la mejilla derecha e izquierda.
> ➤ Coloca la punta de la lengua en la campanilla.
> ➤ Desliza la punta lingual por el paladar.

Ejercicio 11   Repite palabras con la letra R

R débil	aroma, pájaro, toro, oreja, arena.
R vibrante inicial	rata, ruiseñor, reina, renacuajo, razón.
R vibrante medio	arruga, barril, carro, ferrocarril, guitarra.
R vibrante final	respirar, amanecer, comer, beber, ganar.

De igual modo, considera tomar cursos de dicción, locución o actuación. Sus técnicas fortalecen la voz.

Trabaja con tu voz

Los ejercicios para inyectar fuerza a la voz podrían también corregir sus alteraciones. Es importante identificar cuando la voz es gutural, ronca, nasal, infantil o temblorosa porque cualesquiera de estas requiere de ejercicios para su corrección. Graba y escucha tu voz.

La voz gutural se caracteriza por su pobre amplitud y claridad de timbre debido a que los músculos de la garganta están muy contraídos. Para relajarlos, se puede hacer el ejercicio de la gimnasia vocálica, sobre todo con la vocal "a" con aumentos y disminuciones graduales. Estos ejercicios aplican de igual modo a la voz ronca.

La voz nasal es aquella en la que el sonido de la voz no resuena por la nariz por problemas en el velo del paladar. Pronuncia y repite la serie "jajajaja" o "gragragra" hasta que sientas eventualmente que vibra el pecho (Cardozo, 2010). También, saca la lengua y articula la serie "ajaajaaja", "ojoojoojo", "ujuujuuju".

Para la voz infantil, practica los ejercicios que se utilizan para las voces nasales. Asimismo, repite un texto mientras presionas la nariz con la cabeza hacia abajo. La voz debe generarse de la laringe. Una voz temblorosa es típica de los adultos de la tercera edad. Se recomienda efectuar la gimnasia vocálica; enfatizando la vocal "e".

Cada uno de estas alteraciones puede trabajarse con la respiración diafragmática, ejercicios de gimnasia vocálica y leyendo en voz alta. Si con los ejercicios de fuerza y respiración no se corrigen, se debe consultar un patólogo del habla para que evalúe su condición.

Eleanor Roosevelt decía: "Nadie puede hacerte sentir inferior sin tu consentimiento". Ejercita y entrena tu voz, recupera la seguridad que tanto has anhelado. Visita un profesional cuando sientas que aún con los ejercicios no logras darle poder a tu voz. ¡No te des por vencido!

Destraba tu lengua con trabalenguas

Los trabalenguas, también llamados destrabalenguas, forman parte de la literatura oral y del folclore de los pueblos. Su origen es mayormente popular. Por lo general, se componen de frases en las que aparecen palabras con sílabas repetitivas que son difíciles de pronunciar.

El objetivo de los trabalenguas es poder decirlos con claridad y rapidez, incrementando la velocidad sin dejar de pronunciar las palabras y sin cometer errores. Son valiosos porque ayudan a:

- Corregir la pronunciación de consonantes (r, s, l, b, p)
- Estimulan la memoria
- Estimulan el sentido auditivo
- Tener precisión cuando hablamos
- Corregir deficiencias como la tartamudez o frenillos

Ejemplos de origen popular

> 'R'
> Erre con erre, guitarra;
> erre con erre, carril:
> rápido ruedan los carros,
> rápido el ferrocarril.

'L'
Para Lola una lila
di a Adela, más tomóla Dalila.
Y yo dije: ¡Hola! Adela, dile a Dalila
que le dé la lila a Lola.

'C'
Compró Paco pocas copas y,
como pocas copas compró,
pocas copas Paco pagó.

Se incluye una lista adicional de trabalenguas en la sección de recursos educativos.

El mejor aliado del orador...el micrófono

Muchas veces las personas no desean utilizar el micrófono disponible. Piensan que su voz es lo suficientemente fuerte y no necesitan ayuda. Esto es un gran error. La mayoría de las veces, si el salón tiene un micrófono, es precisamente porque el tamaño y la acústica del mismo no es adecuada. Hablar sin micrófono afecta la voz y cuán claro perciben el mensaje las personas ubicadas en la parte posterior del salón. El hecho de que tú puedas escucharte, no significa que otros puedan hacerlo.

El micrófono es tu mejor aliado, utilízalo. Para amplificar la voz es necesario usarlo. Permite que el orador no fuerce su voz y la audiencia pueda escuchar la exposición con relativa comodidad. Además, extiende los años del orador como profesional de la voz.

Distancia entre la boca y el micrófono

Una distancia de una mano con los dedos extendidos (cuatro a seis pulgadas) entre la boca del orador y el micrófono es recomendable para que se escuche con resonancia.

Cómo usar el micrófono

1 No grites. Levanta tu voz, sin perder la naturalidad.
2 Modula tu voz. Articula las consonantes y vocaliza las vocales para que se escuchen con claridad.
3 Siempre habla de frente, aunque mires a los participantes de ambos lados y del centro.
4 Maneja la respiración para que la concurrencia no escuche que se agotó el aire para seguir hablando.

Usa el micrófono como aliado para que te ayude a propagar esa voz maravillosa que intenta servir a los demás. Toma la ventaja que te provee el micrófono para enfatizar las emociones que sientes cuando hablas.

La voz, como instrumento de trabajo, nos bendice día tras día al permitirnos desarrollar esa relación tan íntima con la audiencia para cambiar sus vidas. Ejercita tu voz, cuídala, escúchala y evalúa su poder. Trabaja para que sea lo suficientemente profunda para inspirar y persuadir a los demás mediante tu mensaje.

"Valor es lo que se necesita para levantarse y hablar; pero también es lo que se requiere para sentarse y escuchar".—Winston Churchill

Capítulo 8

RECURSOS PODEROSOS DEL LENGUAJE

"El silencio es el ruido más fuerte, quizás el más fuerte de todos".—Miles Davis

Recursos Poderosos del Lenguaje

El silencio y la pausa

Muchas veces utilizamos el silencio para callar el ruido, el sonido, el grito o el llanto de los niños o los adultos cuando tienen emociones encontradas. En la oratoria, usamos este recurso para alentar al que escucha a pensar cómo la palabra que se pronunció puede ayudarle a ser un mejor individuo o cómo se ven a sí mismos en ese momento. Es un recurso poderoso porque al combinarlo con el lenguaje corporal y nuestra actitud, proyecta emociones positivas que posibilitan la conexión con la audiencia.

Al igual que el silencio, las pausas son también poderosas. Las pausas son espacios momentáneos, detenciones, interrupciones o paradas que efectuamos cuando hablamos o leemos. Son necesarias por dos razones:

1   Para generar el sonido de la voz a través del cuerpo. Te permite respirar y recargar el combustible (aire) para continuar hablando sin fatigarte.

2   Para manejar con fluidez el mensaje. Marca las transiciones de un tema a otro, permite a la audiencia procesar la información presentada y descansar mentalmente en otros momentos. Indica, además, que terminaste un pensamiento, introduce cambios de tonos y de ritmo. De igual modo, usa la pausa para llamar la atención en aquellos instantes en los que reconoces que la audiencia se desconectó del mensaje.

Con la pausa puedes introducir un elemento de humor para que los oyentes respondan de forma natural y espontánea a un comentario inesperado (punchline). Asimismo, pausa cada vez que exista una emoción en la palabra y permite a la audiencia sentirla. Es importante, además, que los oyentes tengan tiempo de descansar mentalmente para continuar procesando tu mensaje.

Podrías definir el tiempo de tus pausas y silencios entre dos a cinco segundos, dependiendo del tema y de la audiencia. Uno de los elementos que determina la cantidad de pausas es el tamaño de la audiencia. Si esta es pequeña, el tema requerirá menos pausas porque el tiempo asignado a tu intervención será menor.

Cuando la audiencia es grande y dispones de más tiempo, el uso de las pausas y el silencio será poderoso si lo manejas como una transición entre un pensamiento a otro. Es una manera de proyectarte con seguridad.

Entre pausa y pausa, aprovecha para hacer cambios y rangos de tonos de tu voz. La audiencia se concentrará en tu palabra y serás más efectivo como orador. Sácale partido a las pausas y al silencio.

Añade valor a tu mensaje y a tu voz, conviértete en un cuentista

"A menudo encontramos nuestro destino por los caminos que tomamos para evitarlo".
—Jean de la Fontaine

El arte de contar y narrar anécdotas, cuentos, fábulas, mitos y leyendas consiste en comunicar y compartir a través de la palabra, la voz y la expresión corporal un mensaje para entretener, educar, convencer o persuadir a quien lo escucha.

Cumple, además, con la función de preservar estos maravillosos mensajes culturales que nos invitan a transportarnos a tiempos remotos y conocer personajes de los que podemos aprender a convivir mejor en nuestra sociedad.

Cuando nos convertimos en cuentistas no solo tenemos la oportunidad de presentar un mensaje de crecimiento, sino que podemos ensayar distintas voces al recrear los personajes de estas narraciones.

Aprovecha este momento para practicar variedad vocal, de gestos y movimientos. Sé un niño, un animal, un anciano, una dama joven, un comerciante, un caballero, un rey, lo que te ayude a trabajar con tu voz.

Puedes utilizar de referencia algunas de estas selecciones de cuentos y fábulas:

Anthony de Mello

"La tortuga"
"El cielo y el cuervo"
¿Has oído el canto de ese pájaro?

Tomás de Iriarte
>"El gato, el lagarto y el grillo"
>"El escarabajo"
>"La ardilla y el caballo"

Godofredo Daireaux
>"El pavo real, la urraca el hornero"
>"El triunfo del zorro"
>"Las dos manos"

Jean de la Fontaine
>"El gato y los ratones"
>"El león y el ratón"
>"El maestro y el niño"

Esopo
>"El jardinero y el perro"
>"El pastor y el joven lobo"
>"El pastor y el mar"

Los cuentos y las fábulas le añaden poder a tu discurso puesto que permiten a la audiencia imaginarse los personajes, asociarlos con personas de su entorno. De Te animan también a trabajar con la variedad vocal. Igualmente el mensaje positivo que se deriva de estas fuentes puede compartirse con cualquier persona. Aprovecha, conviértete en un cuentista.

Usa citas

Las citas permiten relacionar ideas en un discurso o en una presentación. Muchas veces resumen enseñanzas de lo que deseamos que la audiencia aprenda o examine en su vida. Comparto contigo una compilación de ellas en las que destacan al personaje del orador, el discurso y lo que esperamos de la audiencia.

"Es el triunfo el que crea al gran hombre".—Napoleón

"El que tiene la verdad en el corazón no debe temer jamás que a su lengua le falte fuerza de persuasión".—John Ruskin

"Las enseñanzas orales deben acomodarse a los hábitos de los oyentes".—Aristóteles

"Lo que de raíz se aprende, nunca del todo se olvida".—Séneca

"El hombre que se levanta aún es más grande que el que no ha caído".—Concepción Arenal

"Nuestra mejor gloria no está en no haber caído nunca, sino en levantarse cada vez que caemos".—Goldsmith

"No os apresuréis a hablar porque eso es prueba de insensatez".—Bias

"Habla con reposo, pero no de manera que parezca que te escuchas a ti mismo; que toda afectación es mala".—Cervantes

"Hablad poco y escuchad mucho".—Cleóbulo

"No hay hombre que si hablase todo lo que piensa, no hablase demasiado".—Feijóo

"Los grandes habladores son como los vasos vacíos, que hacen más ruido que los que están llenos".—Foción

"El que habla solo delante de otras personas mucho rato sin adular a los oyentes se hace antipático".—Goethe

"Cada pensamiento que tenemos está creando nuestro futuro".—Louise Hay

"Solo hablan mucho los que hablan mal".—Padre Isla

"Solamente en dos ocasiones hablarás: cuando sepas de fijo lo que vas a decir, y cuando no lo puedas excusar. Fuera de estos dos casos, es mejor el silencio que la plática".—Isócrates

"El hombre que sabe no habla; el hombre que habla no sabe".—Lao-Tseo

"Las personas que tienen poco que hacer son por lo común muy habladoras: cuanto más se piensa y obra, menos se habla".—Montesquieu

"Es fácil hablar cuando uno no quiere decir toda la verdad".—Rabindranth Tagore

"Un hombre es triunfador cuando se levanta por la mañana, se acuesta por la noche y entre las dos cosas hace lo que quiere hacer".—Bob Dylan

"Nadie pone más en evidencia su torpeza y mala crianza, que el que empieza a hablar antes de que su interlocutor haya concluido".—Máxima oriental

"La vida es una larga lección de humildad".—J.M. Barrie

"El que habla siembra, el que escucha recoge".—Proverbio italiano

"Donde se quiere a los libros, también se quiere a los hombres".—Heinrich Heine

"Donde todos piensan igual, nadie piensa mucho".—W. Lippman

Enfatiza tus ideas con figuras retóricas

"La bestia salvaje está controlada. Podemos aflojar la cadena".—Heinrich Hed sobre Hitler

Las figuras retóricas son palabras o grupos de palabras utilizadas para dar énfasis a una idea o sentimiento en el discurso y para dar toques de elegancia a tu mensaje. Comparto contigo esta lista de diez figuras retóricas que utilizo con frecuencia para los discursos.

Alegoría	Expresar una idea a través de formas humanas, animales o seres inanimados. De Bernardo de Chartres: "Somos enanos en hombros de gigantes".

Antítesis	Contraponer una frase o palabra a otra de significado opuesto. "Lo que pasa es que esta administración es de papel".
Asíndeton	Omite las conjunciones para dar fuerza a lo que se describe. "Bueno, bonito, barato".
Elipsis	Suprimir en la oración una o más palabras necesarias para la correcta construcción gramatical, pero no por su clara comprensión. "Llevaba mi corazón…ella, su ternura".
Hipérbole	Exagerar lo que se está hablando. "Me duele hasta el alma cuando pienso en ti".
Metáfora	Modifica el sentido propio de una palabra para emplearla en sentido figurado. "Las perlas de su boca inspiraron a muchos escritores a inmortalizarlas en sus historias de amor".
Paradoja	Se utilizan expresiones o frases contradictorias. "La felicidad no tiene precio. Cómpresela".

Personificación	Asignar cualidades de seres humanos a seres inanimados o abstractos. "El sol sonreía a los chicos mientras ocurría la guerra".
Reticencia	Dejar una frase incompleta con sentido. "Suspiran por ti...".
Símil	Comparación entre un elemento real y uno imaginario. "Michelle es como la luz tibia del sendero que atraviesa la cima de la montaña".

Los recursos del lenguaje presentados en este capítulo son necesarios para que la proyección del mensaje sea poderosa, variada, elegante y llamativa.

Cuando usamos el silencio, la pausa, la variedad vocal, las citas y las figuras retóricas en los momentos meritorios y muchas veces inesperados, logran que los oyentes recuerden por más tiempo nuestra invitación de ayudarlos a crecer y ser exitosos en la vida.

Capítulo 9

DALE *UNLIKE* A LOS VICIOS DE DICCIÓN

"Introducimos distracciones en el discurso cuando nos sentimos incómodos con las palabras y con nosotros mismos".

DALE *UNLIKE* A LOS VICIOS DE DICCIÓN

Elimina el ruido de tu mensaje

En una conferencia de desarrollo personal en Washington, el orador principal pronunció cuarenta y cinco expresiones innecesarias, incluyendo muletillas, en tan solo quince minutos. El ruido de su discurso causado por los vicios de dicción hizo que me desconectara inmediatamente.

Los vicios de dicción son modos incorrectos de utilizar vocablos que afectan la interpretación de la comunicación. Rompen nuestra relación emocional con la audiencia. Para evitar que esta se desconecte, graba tu discurso mientras practicas y escucha si existen estos vicios para eliminarlos cuanto antes.

Comparto esta lista de vicios y filtros que afectan nuestra comunicación. ¡Dale *unlike* a los vicios de dicción!

Barbarismos

Fonéticos	Agregar letras a una palabra. "Celebraremos las navidades en Puerto Rico" por "Celebraremos la navidad en Puerto Rico".
Léxicos	Palabras obsoletas o extranjerismos. *Follower* (seguidor), *spam* (correo basura), *vintage* (antiguo).

| Morfológicos | Conjugación incorrecta. Dedujiste por dedujiste, hubieron por hubo, íbanos por íbamos, vistes por viste. |
| Sintáctico | Reiteración o pleonasmo. "Lo vi con mis propios ojos", "mis piernas me ayudaron a caminar". |

Otros Vicios de Dicción

Cacofonía	Repetición de sílabas o sonidos dentro de una oración. Para identificarlas, lee en voz alta y cambia el orden de las palabras. También puedes reemplazarlas con sinónimos. Ejemplos: "Me atendieron prontamente, cariñosamente y estupendamente". "Tómate un té y te aliviarás". "Tres tristes tigres tragan trigo en un trigal".
Ceceo	Pronunciar la "s" por "z". Bazura por basura, zapo por sapo.
Gazapos	Errores de expresión. *Incorrecto*: "Eso que hiciste es más malo que lo que hizo tu hermano". *Correcto*: "Eso que hiciste es peor que lo que hizo tu hermano".
Idiotismo	Tienen un sentido figurado. "Darse golpes de pecho", "a mal tiempo, buena cara", "en la punta de la lengua", "estar más fresco que una lechuga".

Impropiedad	Empleo de palabras con significado distinto del que tienen. *Incorrecto*: Es un profesional agresivo. *Correcto* : Es un profesional audaz.
Mascullar	Hablar entre dientes o pronunciar mal las palabras; no abrir la boca. No se entiende el mensaje.
Monotonía	Uso excesivo de las mismas palabras para referirse a distintas situaciones, en una narración o párrafo por tener un vocabulario limitado o pobre. Incluye el queísmo y el cosismo. "Viajar es una cosa increíble porque son muchas las cosas que aprendes viajando".
Seseo	Pronunciar la "z" por "s". Ejemplos: así, Sosa, sopa.
Solecismo	Uso incorrecto de una expresión, sintaxis incorrecta. Se clasifican en concordancia (afecta el número o género), preposicionales (preposiciones incorrectas) y construcción (uso indebido de las palabras).
De construcción	
	Incorrecto: No me recuerdo. Correcto: No me acuerdo.
Tautología	Repetir la idea con palabras que no dan valor a la expresión. "eres tú y tú mismo", "por tu trabajo y por tu desempeño laboral".

| Vulgarismos | Pérdida de consonantes y sílabas. Incorrecto: Me casé ayel. Correcto: Me casé ayer. |
| Yeísmo | Pronunciar la 'ye' como 'ch' o la 'elle' por 'ye'. Ejemplos: yueve por llueve, caye por calle, poyo por pollo. |

Los vicios de dicción afectan nuestro desempeño como oradores porque la audiencia se distrae con estas incongruencias, se desenfocan y pierden interés por nuestro mensaje. Supera estos vicios y tu mensaje será poderoso.

¡Fuera las muletillas!

Muchas veces usamos rellenos en una conversación cotidiana o en una presentación profesional tratando de dar paso a otra idea y lo que realmente pasa es que distraemos a quienes nos escuchan. Las muletillas son recursos, voces o frases que por vicio se repiten con frecuencia. Por lo general, se clasifican en dos grupos:

Muletillas físicas o corporales:

Manos en los bolsillos, acariciarse la barbilla, la oreja la nariz, taparse la cara, rascarse, mover los pies, mover las piernas con rapidez, jugar con los pies o tocar objetos.

Por qué las usamos

1 Para enfatizar un punto.
2 Llamar la atención.

3   Respuesta automática del cerebro que nos obliga a tocar nuestro cuerpo (no sabemos que lo hacemos).

4   Flujo sanguíneo aumenta ante el estrés provocado por hablar ante un público.

5   Sentimos que estamos en una situación intimidante.

6   Para conectar ideas perdidas.

Muletillas verbales:

"Em", "este", "porque", "o sea", "es decir", "ah", "eh", "verdad", "ajá", "evidentemente", "en definitiva", "está claro", "ciertamente", "sencillamente", "entonces", "así que", "ok".

Por qué las usamos

1   Proporcionan tiempo necesario al orador para que organice mentalmente su mensaje.

2   Mantener la atención del interlocutor cuando lo hacemos partícipe de la exposición oral.

3   No recordamos las palabras correctas para comunicarnos.

4   Perdimos la secuencia de la conversación o presentación.

5   Nos quedamos en blanco.

6   Sentimos miedo al hablar.

7   Nos intimidamos por el silencio de la audiencia.

Ejemplo:
"Los chinos consideran, este, que la armonía debe darse naturalmente en nuestro entorno. Um, um... es por esto

que recomendamos practicar el *Feng Shui* eh en su casa y en su oficina, ¿verdad?".

Las palabras este, um, eh y verdad distraen al oyente y deslucen el discurso del orador. Este hábito debe eliminarse cuanto antes.

Ejercicio:
Describe en aproximadamente un minuto los siguientes temas. Grábate.

- La trama de alguna película que te impactó este año.
- Lugares que te gustaría visitar y por qué.
- Qué otra profesión te gustaría tener y por qué.
- La experiencia más inspiradora de tu vida.
- La conversación más profunda que has tenido.
- Tu legado.

Revisa y escucha la grabación. Cuando identifiques las muletillas, esfuérzate por evitarlas. Practica los discursos y las respuestas improvisadas.

Ideas principales

Las muletillas son hábitos o vicios que desvían la atención del oyente al orador. Son espacios que rellenamos con alguna palabra o frase para continuar nuestra oratoria o conversación diaria.

Para evitar el uso de las muletillas puedes:

1   Hablar más lento.

2   Pausar entre frases.

3   Por cada siete palabras, puedes hacer una pausa.

4   Practicar narraciones, presentaciones y discursos tantas veces como sea necesario.

5   Leer. Mientras más vocabulario e ideas tengas, mejor podrás elaborar una respuesta improvisada.

6   Grábate. Es la mejor herramienta para crear conciencia de tus muletillas más comunes.

Capítulo 10

TRANSFORMA TU CUERPO
EN UN RECURSO PODEROSO

"No hace falta ver los pensamientos; basta mirar la expresión de los rostros".—Proverbio danés

Transforma tu cuerpo
en un recurso poderoso

Somos expertos utilizando el lenguaje corporal desde el día que nacimos. Aprendimos a señalar con los dedos y los ojos lo que deseábamos, mover y agitar las manos para que nos cargaran con ternura y rechazar con los brazos y el torso aquellas manos que no queríamos que nos tocaran.

Esta dimensión de la comunicación no verbal comprende sobre un millón de gestos y movimientos, que proyectan trece veces más información que las palabras. En la oratoria, tanto el orador como la audiencia hablan de forma poderosa mediante gestos, movimientos y señales que revelan intenciones, sentimientos y emociones ocultas. Cuando aprendemos a decodificar este lenguaje tan poderoso, tenemos una fuente de valiosa información para ayudarnos a conectar mejor con el auditorio.

Parea el contenido del discurso con tu lenguaje corporal

¿Qué tiene más valor: la palabra o el lenguaje de tu cuerpo? En muchas ocasiones, nos preocupamos más por la palabra que lo que dice nuestro cuerpo. Especialmente en la oratoria la palabra debe concordar y sincronizar con nuestros gestos y movimientos corporales para que la audiencia perciba y sienta que el mensaje es verdadero. No puede discrepar el lenguaje verbal con el lenguaje corporal. Los gestos deben ser provocados por el momento que vives.

Joe Navarro, un experto en lenguaje corporal y ex agente del FBI, asevera que un 80% de lo que transmitimos es sin palabras (Navarro, 2008). Por lo que es crucial sincronizar los gestos y las palabras para ser creíble.

Ejemplos de gestos ilustrativos y emotivos para enfatizar lo que se dice y manejar emociones.

1 Si menciono que siento orgullo de ser latinoamericano, esas manos deben estar cerca del corazón. Enfatizar el sentimiento.

2 Si la historia que cuento es triste, debe proyectarse en el rostro la tristeza. No sonreír.

3 Si estoy enfatizando una lucha o combate, usa las manos como puños. Denota fuerza, coraje, valor.

4 Si menciono que son cuatro cosas, mostrar cuatro dedos.

Asimismo es importante decodificar la audiencia para sentir y percibir cuando se desconectan de nuestro mensaje. La observación es crucial mientras exponemos: qué dicen sus rostros, qué hablan sus manos, qué dicen sus pies. ¿Están dormidos, están conectados con sus celulares a las redes sociales mientras hablas, ¿apuntan sus pies hacia la puerta y el torso se orienta hacia la salida?

Qué dice tu lenguaje gestual

1 Tu mirada debe proyectar siempre confianza, seguridad y convicción.

2 Mira a la audiencia desde que te acercas al atril o al podio.

3 Sonríe. Significa "acércate".

4 Utiliza la técnica del abanico: mira a todos lados (izquierda, centro, derecha y viceversa).

5 Conéctate individualmente con los participantes.

La emoción del dolor, alegría, sorpresa o coraje debe ser paralela a la palabra. El gesto debe ir siempre primero y luego la palabra para que se perciba como verdadera. Toma clases de actuación para desarrollar técnicas de movimiento, espacio y pantomima.

Qué proyecta tu lenguaje manual

El filósofo griego Anaxágoras decía que "los hombres piensan porque tienen manos". No solo demuestran conocimiento, sino que tus manos son el termómetro y el indicador de la emoción. Las levantamos cuando estamos alegres y celebramos gratas experiencias (ganamos en competencias); las dejamos caer, cuando nos embarga la tristeza o nos sentimos abatidos (familiar enfermo).

Es crucial mostrar siempre las manos, nunca guardarlas en los bolsillos. No deseas proyectar que sientes ansiedad o nerviosismo. Muestra las palmas de las manos, es una señal de honestidad, sinceridad. El presidente Barak Obama utiliza este gesto con regularidad.

Muchos gestos involuntarios que denotan nerviosismo se realizan a través de los dedos de las manos. La ansiedad que sentimos cuando somos expositores nos impulsa a rascar la cara, tocar la nariz, jugar con los lentes, jugar con bolígrafos, lavar los dedos (tocarse los dedos como si estuviéramos bañándonos o lavando platos), tocar o morder las uñas, frotar un dedo con otro y hasta tocarnos el cabello.

Existen diversas teorías para dicho fenómeno. Una de ellas asevera que en la niñez nuestros padres calmaban nuestra ansiedad acariciándonos en las manos o en la cabeza. De adultos, buscamos sentir esa caricia que no ocurre mientras presentamos un discurso o una charla (Rosas, 2010).

Con otra postura de pensamiento, Joe Navarro menciona que cuando nos sentimos nerviosos la sangre corre tan rápido por el cuerpo que ocasiona que nos rasquemos o toquemos los dedos, la nariz o cualquier parte de la cara (Navarro, 2008).

Por lo tanto, debemos enfocarnos en proyectar poder con las manos. Podemos usar los siguientes gestos, de manera casual, por mínimos segundos y de acuerdo con el momento de tu intervención. Veamos.

La torre o campanario (tower steeple): proyecta que soy de confiar, tengo conocimiento y todo lo puedo realizar. La increíble Oprah Winfrey se destaca por utilizarlo.

Manos abiertas separadas o el gesto de basquetbol (basketball steeple): demuestra que me comprometo con las causas, soy dedicado al trabajo y responsable. Lo vemos en las oratorias o presentaciones de los políticos.

Akimbo: Muy usado por modelos y actrices para mostrarse seguras y proyectar poder. En la oratoria, podría utilizarse para sorprender a la audiencia, con un tema muy serio que desees terminarlo con un toque de humor (algunos expertos sostienen que es una postura agresiva, sugiero discreción con su uso).

Adolfo Hitler fue uno de los personajes de la historia que más estudió el poder de las manos. Ensayaba todos los días frente al espejo cómo inyectar fuerza en las manos y en los brazos mientras hablaba. Es paradójico que en los últimos diez años de su vida Hitler haya sufrido de la enfermedad del Parkinson. Sus manos dejaron de ser ágiles, perdieron toda su fuerza.

Qué comunica tu lenguaje del torso y las piernas

La honestidad decrece de la cabeza hacia los pies. Las piernas y los pies son las partes que más denotan conexión emocional y cuán bien me siento cerca de otros. Es un conjunto que puede visualizarse como un termómetro de los sentimientos. El torso, por otra parte, despliega seguridad y poder. A través del torso y de su inclinación, también se puede determinar cuán cerca o distante estoy en relación a los demás.

Es importante

1   Proyectar naturalidad
2   Moverte con seguridad entre la audiencia
3   Que tus pies, piernas y torso se dirijan hacia la audiencia; no hacia la puerta (indica que deseas irte)

Charlie Chaplin fue un maestro del lenguaje corporal. Su cuerpo fue el vehículo para transmitir el dolor, la miseria y el sufrimiento del hombre lleno de humor. Exhaltó de la naturaleza humana su indiferencia a la pobreza, la codicia del poder y el intento de quebrantar su dignidad. Su cuerpo se convirtió en una respuesta a la vida, en una forma de comunicación íntima y personal con la audiencia.

Nuestros gestos, señales y movimientos deben ser parte natural de nuestro lenguaje verbal. La palabra sin gesto tiene menos probabilidad de tener profundidad que la palabra con gesto. Es como estar en una función teatral donde los actores solo recitan texto y no tienen movimiento. El mensaje sería completamente distinto. Que tu cuerpo inspire tanto como tu palabra.

"El silencio no existe. En el escenario habla mi alma, y ese respeto al silencio es capaz de tocar la gente, más profundamente que cualquier palabra".—Marcel Marceau

El arte sin palabras: la pantomima

La pantomima es el teatro sin palabras; el arte de expresar sentimientos o acciones mediante gestos o movimientos corporales. En los teatros grecorromanos muchas veces se hacía imposible escuchar a los actores, por lo que recurrieron al teatro sin palabras; el teatro del gesto. La palabra pantomima tiene dos raíces:

Pantos = todo
Mimo = imitación
El que imita todo (actor)

En la Antigua Roma y Grecia el mimo podía ser trágico, cómico y lírico. Si desempeñaba los tres géneros era conocido como pantomimo. Cuenta la historia que el actor griego Livius Andrónicus actuaba en espacios al aire libre. Era un esclavo de los romanos y en una actuación perdió la voz. Para terminar su intervención, solicitó a uno de los coristas que recitara su parlamento. Livius se vio obligado a representar con gestos y ademanes corporales lo que se narraba. La audiencia pensó que era parte de la representación. Este suceso inaudito resultó en una experiencia inolvidable y muy exitosa.

Cómo la pantomima ayuda al orador

Mediante la pantomima, se desarrolla y fortalece el lenguaje gestual, el lenguaje manual y el lenguaje del torso y piernas. La habilidad de comunicarte sin palabras facilitará la credibilidad de tus gestos y movimientos cuando intentas sincronizarlos con las palabras, con tu mensaje verbal.

Decía el gran pantomimo Marcel Marceau: "El silencio es infinito como el movimiento, no tiene límites. Para mí, los límites los pone la palabra".

Ejercicios de pantomima para desarrollar y fortalecer el lenguaje del cuerpo del orador

Estudia videos de pantomimos en You Tube® y practica frente a un espejo, varias veces en la semana, cómo recrear estos lenguajes:

Lenguaje de sentimientos

Sonreír

Llorar

Odio

Amor

Tristeza

Dolor

Lenguaje gestual

Mirada hacia arriba
Mirada hacia abajo
Mirada hacia el lado izquierdo
Mirada hacia el lado derecho
Reflejarse en un espejo
Mirada hacia lo lejos
Mirada de cerca

Lenguaje del rostro, tronco y piernas

Tocar
Empujar
Abrir cajas
Abrir ventanas
Abrir puertas
Caminar exhausto
Vestirse
Besar
Estirarse

Cuenta la historia que la actriz polaca Helena Modjeska ofreció una conferencia a un grupo de personas extranjeras que no entendía polaco. Aunque los concurrentes nunca entendieron lo que ella dijo, su cuerpo habló con tanta emotividad que todos terminaron llorando y conectados con ella. Lo increíble es que Helena solo recitó el alfabeto polaco. Esto demuestra que el lenguaje del cuerpo es un recurso poderoso.

Capítulo 11

PRACTICA TU DISCURSO

"El más elevado tipo de hombre es el que obra antes de hablar y profesa lo que practica".—Confucio

Practica tu discurso

"No hay sustituto para la experiencia".—Proverbio árabe

En algún momento tendrás que ofrecer un discurso técnico en tu oficina, en la universidad o en tu comunidad o hacer un brindis en una boda, despedir a un familiar o motivar con tu mensaje a un grupo de jóvenes. Todos estos escenarios tienen un elemento común: cuánto practiques determinará tu dominio de la palabra y el grado de convencimiento de la audiencia.

Para que la audiencia se conecte, es meritorio que sientan y palpen de inmediato tu seguridad. ¿Cómo puedes proyectarte seguro? Para ello, haz lo siguiente:

Prepara una guía del discurso: Identifica las áreas más importantes del tema, cuáles serán las historias a utilizar, qué deseas recuerden cuando concluya tu intervención.

Lee en voz alta el discurso y grábalo: Esto te permitirá hacer ajustes de tonos, estudiar la fuerza del mensaje y las emociones que requiere.

Practica preguntas improvisadas con tus amigos y trabaja con las respuestas.

Ensaya el tiempo del discurso o de la presentación, el uso de las transparencias (si aplica), el manejo de la música, etc.

Si se puede, ensaya en el lugar un día antes o varias horas previo a tu intervención. Es importante que conozcas cómo es el lugar, su temperatura, la iluminación, dónde se ubica el atril y si tienen cables expuestos que afectan tu espacio para moverte libremente.

Ensaya con la vestimenta. Necesitas mover libremente los brazos y las piernas, que no se afecte tu circulación o el flujo de oxígeno para pensar y responder ante cualquier eventualidad.

Mientras más practiques, mayor será la probabilidad de lograr la empatía con la audiencia y que esta reconozca el valor de tu mensaje. Thomas Alba Edison decía que mientras más experimentaba sus invenciones, más oportunidades tenía de crear otras cosas que no había pensado. ¡Practica, practica, practica!

Ensaya el tono emocional de tus palabras

El tono emocional de las palabras permite enfatizar una acción, un sentimiento o dar un significado distinto al mensaje. La fuerza que se asigna a esa unidad de la oración provoca una reacción especial en los oyentes porque añade precisamente una pausa para procesarla.

La oración "Trescientos millones de niños duermen en las calles del mundo" puede tener su énfasis en el verbo "duermen". Sin embargo, puedo seleccionar "trescientos millones de niños" para asignarle fuerza emocional.

Todo depende de lo que quiero provocar: una introspección, un llamado a la acción, una invitación. Escucha monólogos, piezas de teatro, zarzuelas o diálogos de películas en You Tube® para reconocer los distintos tonos emocionales. Tus discursos tendrán mejor sabor.

Maneja el nerviosismo; relájate con ejercicios

Mientras más practiques el discurso, más se reducirá el nerviosismo y la ansiedad. Ensaya frente a tus amigos, compañeros y familiares. Practica también frente a un espejo. Respira desde el diafragma. Te ayudará a retener más aire y te fatigarás menos. Como en la película The King's Speech (2011) acuéstate en el piso y coloca un libro sobre el estómago. Toma aire; el libro se levantará al expandirse el diafragma. Al exhalar, el libro vuelve a su estado original.

Asimismo relaja los músculos de los hombros, la cara y los dedos de los pies y manos. Párate, inhala y extiende tus brazos como si fueras a tocar el cielo. Luego, exhalas mientras te doblas para tocar los dedos de los pies. Esto aumentará la circulación y el flujo de sangre hacia el cerebro. Visualiza que te acercas al atril, saludas al anfitrión, sonríes a la audiencia y que al finalizar tu discurso te aplaudan con emoción.

Antes de ofrecer un discurso, prefiero caminar y escuchar música relajante. Repito los ejercicios de respiración. Lo importante es que descubras algún método que ayude a sentirte mejor, previo y durante tu intervención como orador. Mientras más seguro te proyectes, más te conectarás con la audiencia y más atención prestarán a tu mensaje. Recuerda, es crucial que siempre te escuchen, atiendan y entiendan tus ideas.

¿Será mi discurso relevante para la audiencia?

Preparar un discurso es como ensayar con una orquesta sinfónica. Cada nota en su preciso *tempo*, con armonía, con ritmo. Un orador responsable, generalmente, se cuestiona: ¿será mi discurso relevante para la audiencia?, ¿gustará mi mensaje?, ¿tendrá suficiente poder para provocar un cambio en la audiencia? La preparación y la práctica incansable serán nuestros aliados para evitar que estos planteamientos bloqueen nuestra mente y pensemos que no conquistaremos a los oyentes.

Recuerda, que cada discurso debe tener tu toque personal, debe salir del corazón. Prepara el discurso desde el día que te notificaron que serás orador; no pierdas ni un minuto. Prefiero escribir primero los discursos fuera de la computadora; soy una escritora análoga. Me parece que la inspiración surge más rápido cuando escribo el mensaje en una libreta regular. Luego, le doy forma a través del procesador de palabras.

La ventaja de hacerlo de esta última manera es que sabes la cantidad exacta de palabras que constituyen tu mensaje. ¿Por qué es importante conocer esta cantidad? Si tu discurso tiene una duración de quince minutos y cada minuto podría ser equivalente a cien palabras, necesitarás aproximadamente 1,500 palabras.

Esto no incluye el tiempo de las pausas, movimientos ni la sesión de preguntas. Es fundamental escribir el discurso, determinar la cantidad de palabras y ensayar con el reloj. Procura que tu discurso induzca al oyente a engrandecer su vida. Un orador pretende con pasión transformar al mundo y añadir valor a los demás.

No pierdas la concentración, practica la gimnasia cerebral

En la oratoria no solo trabajamos con ejercicios para entrenar la voz, sino también con ejercicios para evitar el envejecimiento prematuro de nuestro centro de aprendizaje, el cerebro. Es importante que nuestra memoria, concentración, comunicación, capacidad de organizar y comprender se mantengan activos y saludables.

En muchas ocasiones compartimos historias, datos estadísticos, testimonios o citas con la audiencia y no podemos permitir que nos quedemos en blanco por deficiencias en la memoria o pobre concentración.

Para ello podemos realizar distintos ejercicios para estimular el funcionamiento de ambos hemisferios cerebrales. Es tan vital el pensamiento abstracto como el pensamiento lógico. Cuando ejercitamos los hemisferios se logra un equilibrio entre cuerpo y mente. Practica estos ejercicios tantas veces como puedas. Ayuda a mantener saludable tu cerebro y tu oratoria.

Ejercicio 1   Levanta la mano derecha y toca el pie izquierdo. Levanta la mano izquierda y toca el pie derecho.

Ejercicio 2   Levanta la rodilla izquierda y la tocas con la mano derecha. Levanta la rodilla derecha y la tocas con la mano izqquierda.

Fjercicio 3   Cambia las rutas que utilizas para llegar a tu casa o al trabajo.

Ejercicio 4   Lee en voz alta para estimular la mente, la vista, la voz y el oído.

Ejercicio 5   Arma un rompecabezas, resuelve crucigramas, busca palabras para activar la memoria.

Ejercicio 6   Observa un paisaje pintado durante un minuto. Lo cubres y luego describe todos sus detalles. Compara cuántos acertaste.

Ejercicio 7   Mueve de lugar los objetos de tu casa. Rompe el mapa visual al que está acostumbrado el cerebro.

Ejercicio 8   Matricúlate en un curso de pintura, fotografía, dicción, aviación, estilismo o periodismo. Haz cosas nuevas.

Ejercicio 9   Juega barajas. Trata de parear los números recordando la posición de la carta cuando estaba descubierta. Estimula la memoria y la capacidad de concentración.

Ejercicio 10   Haz una lista de palabras. Trata de recordarlas mientras lees la lista por dos minutos. Sin verlas, escribe en una hoja las palabras que recuerdes. Repite este ejercicio hasta que logres recordarlas todas.

Ejercicio 11   Corre bicicleta, rema, esquía o practica algún deporte extremo. Mejora la coordinación motora.

Practica con seguridad tu mensaje, domina el arte de proyectarte con pasión y maneja el énfasis de las palabras para que seas escuchado, atendido y entendido. Recuerda, además, estimular el cerebro para que no olvides las historias, las citas o el mensaje general mientras presentas. Un orador mantiene en equilibrio su mente, alma y cuerpo.

Capítulo 12

Prepárate para tu intervención

"El que trabaja con diligencia, pero sin método, arroja con una mano lo que gana con la otra".—C.C. Colton

Prepárate para tu intervención

En un circuito empresarial que participé como oradora, el salón asignado lo cambiaron y el que utilicé estaba en plena construcción. Lleno de polvo y latas de pintura. Por un momento cuestioné: ¿me escuchará la audiencia en estas condiciones? Esa duda la disipé tan pronto reconocí que lo importante era cuánto valor podía añadir a sus trabajos. Para evitar sorpresas o por lo menos poder controlarlas, utiliza esta lista de cotejo para identificar las características del salón, la edad y el tamaño de la audiencia y el orden y la hora de tu intervención.

Características del salón

- [ ] Salón abierto
- [ ] Salón cerrado
- [ ] Con acondicionador de aire
- [ ] Sin acondicionador de aire
- [ ] Con micrófono
- [ ] Sin micrófono
- [ ] Fuerte iluminación
- [ ] Pobre iluminación
- [ ] Cerca de otros salones de conferencias, es ruidoso
- [ ] No se escucha el ruido de otras áreas cercanas

☐ La puerta de entrada está cerca del área del orador

☐ La puerta de entrada se sitúa lejos del área del orador

☐ Cuenta con equipo audiovisual y cables de conexión

☐ Verificar resolución proyector vs. presentación

☐ No cuenta con equipo audiovisual

☐ Forma del salón: U, L, O u otra.

☐ Auditorio con podio o atril

Edad de la audiencia

☐ 18-35 años

☐ 36-45 años

☐ 46-65 años

☐ 66+

Tamaño de la audiencia

☐ Menos de 50 personas

☐ 50 - 100 Personas

☐ 101 - 200 Personas

☐ 201 - 500 Personas

☐ Más de 500 Personas

Orden y hora de la intervención

¿En qué momento ofreceré el discurso?
¿Conozco o no los oradores que me preceden?
¿Seré el orador principal (keynote speaker)?

Para mantenerte ecuánime y que tu palabra se escuche con poder, trabaja con estos elementos antes de tu intervención. Mientras más seguro te sientas, más efectivo será tu mensaje. Conocer estas condiciones reducirá el nivel de estrés que muchas veces ocasiona prepararse para un discurso o una presentación cuando no tenemos suficiente información sobre las características del lugar, los detalles de quiénes forman parte de la audiencia y del orden de la intervención. Mientras menos probabilidad exista de que algo imprevisto suceda, mayor la probabilidad de que tu mensaje conquiste los corazones de la audiencia.

Cómo prepararte el día antes de tu intervención

Estoy segura de que deseas proyectarte con energía, vitalidad y muy interesado tanto en tu mensaje como en la audiencia. Para demostrar estas características el día antes:

> Duerme.
> Maneja el estrés: corre, camina, nada, baila.
> Medita.
> No grites, no abuses de tu voz.
> No fuerces tu voz a un rango que la afecta y que no proyecta que eres tú.
> Abriga la garganta y el pecho.

- Toma mucha agua. Evita tomarla fría porque afecta la flexibilidad de la voz.
- Si tu discurso será por la mañana, aplica mentol la noche anterior en el área de la garganta. Esto la relajará.
- Fortalece el cuello con ejercicios. Tendrán más fuerza tus cuerdas vocales.
- Mueve el cuello de lado a lado, varias veces al día.
- Baja tu cabeza mientras emites el sonido 'hmm' y luego la subes realizando el mismo ejercicio.
- Haz ejercicios de respiración.
- Repasa tu discurso y ensaya con tu pareja, un amigo o un familiar.
- Graba tu discurso y haz cualquier ajuste que sea necesario.
- Verifica qué debes llevar y si falta algo por ajustar.
- Piensa que todo saldrá bien; sé positivo.

Cree en ti

> "El trabajo más duro es el de no rendirse".
> —Vince Lombardi

Lo más poderoso en tu discurso es creer en ti, en tus habilidades. Mientras más cómodo te sientas hablando ante un público, más impacto tendrás en aquellos que te escuchan. Se transformará tu proyección como orador. Tu seguridad y convicción se proyectarán con poder y lograrás que otros crezcan a través de ti.

Es fundamental que nunca te rindas en este proceso de crecimiento. Muchas veces se reciben críticas muy fuertes, posterior a nuestra intervención, las cuales podrían desalentarnos a olvidar la oratoria. Maneja estas críticas con diplomacia porque serán la mejor oportunidad de aprender y acercarte más a ser un orador que inspira, motiva o persuade a la audiencia con un mensaje poderoso. Piensa con actitud positiva: "esa crítica no me aniquilará... me hará más fuerte, no me matará".

Cuida tu voz, necesitas una voz sana

Lo que ingieres antes de hablar impacta la fuerza de tu palabra. Para evitar que pierdas la energía que necesitas para enamorar a tu audiencia, considera lo siguiente:

No comas pesado una hora o dos antes de hablar. La digestión requiere mucha energía y te restaría la que necesitas para hablar. Evita comer o beber nuevos alimentos. Un ingrediente desconocido podría causar una reacción que no puedas anticipar previo a tu intervención.

No consumas alimentos condimentados y picantes. Evita las bebidas de cafeína (café, té, refrescos). Resecan tu garganta. No tomes alcohol antes de hablar. Una pequeña cantidad puede afectar tu capacidad cognitiva de mantenerte alerta. Tu energía disminuye, serás más lento.

Evita los productos lácteos que producen mucosidad. Estos tienden a acumularse en la garganta y el sonido de tu voz se empaña notablemente. Modera el frío y el calor. También afectan la garganta.

Bebe mucha agua para limpiar la garganta. Debes hidratarte el día que hablas. Durante la presentación, debes tener varias botellas de agua cerca de ti. No solo ayudará a mantener tu boca hidratada sino que el acto de tomar agua es una oportunidad para hacer una pausa de transición y ver tus notas.

Consejos generales

> No grites en los parques, canchas, playas.
> No grites en los eventos o en las fiestas que participes.
> Modera el uso del teléfono; afecta tu voz la cantidad de horas que te mantienes hablando sin parar.
> No vayas a lugares ruidosos en los que tengas que incrementar el volumen de la voz.
> Relaja el cuello, cara, cuello, hombros y garganta.
> Si estás enfermo con catarro, gripe o laringitis, es preferible no lastimar la voz. No realices el discurso.
> Duerme lo suficiente para descansar la voz.

Consideraciones especiales para evaluar el discurso antes de presentarlo

Antes de presentarte como expositor, evalúa tu discurso y determina si cumple con estos elementos:

Contenido
Es claro y entendible, fácil de seguir, lo recordarán. Añade valor a los oyentes. Organizado con propósito.

Propósito

Se revela con sencillez y claridad (informar, educar, motivar, inspirar, persuadir, entretener).

➤ Introducción y cierre son memorables. Llama la atención del oyente.

➤ El tema es apropiado para la audiencia y contribuye en la formación de mejores comunicadores y líderes. Lenguaje adecuado para los oyentes.

➤ Las ideas pueden visualizarse, escucharse y sentirse, de manera que conectan a los distintos estilos de aprendizaje de la audiencia.

Proyección del mensaje

➤ La voz refleja intensidad, volumen, flexibilidad de tonos, estados de ánimos, claridad y sobre todo, pasión y entusiasmo. Persuade.

➤ El lenguaje gestual (mirada) es sincero, diverso, sincronizado con la palabra. Los gestos son expresivos; no son exagerados.

➤ El lenguaje manual (manos y brazos) tiene armonía y refleja variedad en estados de ánimos. Los movimientos son exactos al ilustrar emociones.

➤ El lenguaje asociado a las piernas, pies, caderas y torso proyecta seguridad, elegancia, equilibrio y empatía.

Procura que el contenido de tu mensaje, tu voz y el lenguaje corporal persuadan a la audiencia para buscar la luz del crecimiento y del desarrollo personal.

Capítulo 13

CONOCE A TU AUDIENCIA

"Aquel que conoce el poder de la palabra presta mucha atención a su conversación. Vigila las reacciones causadas por sus palabras, puesto que sabe que no regresarán al mismo punto sin haber causado su efecto".

—Florence Scovel

Conoce a tu audiencia

María del Mar Rodríguez Carnero (Lamari), la voz estelar del grupo flamenco electrónico Chambao, canta: "Poquito a poquito entendiendo que no vale la pena andar por andar. Que es mejor caminar pa' ir creciendo". En la oratoria pasa igual. No podemos pretender que conocemos y entendemos a la audiencia (andar por andar) si no hemos estudiado su perfil. Cuando reconocemos que los oyentes son diferentes en experiencias, aprendizajes y personalidades, caminamos con paso firme hacia la ruta del crecimiento.

Conocer la composición y las características de la audiencia, antes de tu intervención, te permitirá establecer una comunicación personal más directa, relevante e interesante. Cómo perciben los oyentes la realidad y el mensaje es vital para trabajar con técnicas y estrategias efectivas que logren la reacción positiva cuando escuchen tu discurso.

Si te llaman para ofrecer un discurso, solicita al coordinador del evento que identifique cómo es la población y qué esperan de tu mensaje. Si eres el coordinador, puedes enviar a los que confirmaron su asistencia una encuesta o un corto examen para diagnosticar sus necesidades.

Características demográficas

Edad y personalidad: Participantes heterogéneos requieren que se traten distintas técnicas y estrategias para presentar el tema con efectividad debido a que tienen diversas actitudes para recibir el mensaje del orador. Se recomienda el uso de juegos, videos, dinámicas, concursos, recrear escenas de una historia, grabaciones, entre otros. Es importante combinar elementos visuales y auditivos que despierten emociones. Recuerda, además, que debemos utilizar un tamaño de letra que permita que la audiencia (sin importar la edad) pueda leer los textos proyectados desde cualquier parte del salón de conferencia.

Sexo: Si es una concurrencia en la que predomina la mujer, podemos ofrecer más detalles de las historias y sus personajes porque interpretan mejor las emociones de los demás. También podemos utilizar más colores en los visuales y si requieren debates, pueden agruparse en pequeños segmentos que promuevan la conversación y las relaciones interpersonales. Los hombres prefieren historias de retos y de poder que los desafíen en su evolución personal y profesional. Manejan mejor las demostraciones técnicas.

Raza y cultura: La diversidad de idiomas, costumbres y personalidades determinará cómo será la comunicación en un contexto cultural. Asimismo será clave para definir cuánto podemos acercarnos físicamente a ellos, sin violar el espacio o la distancia permitida según la raza y cultura. Por otra parte, es necesario conocer aquellos gestos corporales que son permitidos para integrarlos al discurso.

Proximidad. Las experiencias, oportunidades, estilo de vida, tipos de entretenimiento, climas y hasta el ambiente político y social varían de acuerdo con la zona geográfica donde reside la persona. Considera estos elementos.

Características intelectuales y sociales

Educación: De acuerdo con el nivel de educación de los participantes, se parean los recursos, las estrategias y las técnicas a utilizar para presentar el mensaje. Si parte de la audiencia se orienta a las letras, puedes usar cuestionarios, narrar historias, dramatizar un diálogo, lecturas, citas, preguntas retóricas, etc. Para la audiencia técnica, es conveniente utilizar representaciones gráficas, datos estadísticos, análisis investigativos, entre otros.

Grupos sociales: Podrían ser usuarios de Facebook®, Twitter®, LinkedIn® o Google Plus®. Esto indicaría que tienen comunidades en línea con las cuales comparten conocimiento especializado y experiencias. Si conocieras la comunidad virtual, durante el discurso podrías hacer referencia a temas que se relacionen con sus intereses. Participantes que conozcas, involúcralos en distintos puntos del mensaje. Contagian a los demás a tu favor.

Características económicas

Ingresos: Si los participantes tienen poder económico y capacidad de influenciar a grupos sociales y políticos, podemos persuadirlos para que trabajen por alguna causa particular. El elemento de la persuasión es indispensable para convencerlos y presentar los beneficios que obtendrán de unirse a dicha causa.

Mientras más conozcas a tu audiencia, más poder de persuasión tendrás. Tu mensaje será más creíble, poderoso y valioso.

Reconoce la representación sensorial de la audiencia (sistema de representación VAK)

Las palabras que decimos o escribimos ayudan a identificar qué preferimos en una comunicación. El uso repetitivo de estas palabras indican el sistema de representación sensorial predominante.

La representación sensorial del participante se clasifica de la siguiente manera: visual, cinestésico y auditivo.

Palabras que realzan	Sistema visual	Sistema cinestésico	Sistema auditivo
Verbos	Mostrar, imaginar, ver, mirar	Saborear, sentir, tocar, oler, acariciar	Narrar, escuchar, oír, gritar, hablar, entonar, amplificar
Adjetivos	Claridad, colorido, opaco, luminoso, brillante, imagen	Dulce, suave, amargo, tacto, duro, sensible, áspero	Ruidoso, armonioso, ritmo, afinado, sonoro
Foco en	Cómo se proyecta la realidad, el futuro, perspectiva	Lo que despierta una experiencia, sensaciones	Frases, citas, historias, cuentos

Frases o grupos de palabras	"Ese futuro no se ve claro", "Veo tormentas en el camino", "Se ve bien"	"Eso huele mal", "Eso que hablas, me agrada. Lo siento en mi corazón"	"Me explico", "Me escuchas", "Me entiendes"
Identifica-dores	Sistema predomi-nante. Los visuales hacen las cosas viéndolas. Prefieren lo impreso, la televisión, los videos. Gustan de leer, ver películas o programas televisivos.	Segundo sistema predomi-nante. Los cinestésicos aprenden haciendo. Les cuesta quedarse quietos. Hacen múltiples tareas al mismo tiempo.	Tercer sistema pre-dominante. Los audi-tivos gus-tan hacer las cosas escuchán-dolas. Prefieren la radio, los audiolibros y aprenden en el silen-cio.

Escuchar estas palabras, previo o durante tu intervención, te facilitarán la conexión con la audiencia. Si 75% de los participantes son auditivos, los recursos y las palabras deberán orientarse a más citas, historias. Si 75% es cinestésica, es importante evocar más sensaciones. Podrían experimentar el miedo, la alegría, probar productos durante una presentación, entre otras cosas. Si es una población heterogénea, todos los recursos aplicarían.
Ejemplos de cómo percibieron tu mensaje:

Tres participantes de la audiencia escucharon tu discurso sobre *Escucha tu voz interior*. Estas fueron sus opiniones:

Participante visual	Vio en ti una luz especial.
Participante cinestésico	Tu mensaje le emocionó.
Participante auditivo	Lo que contaste no tuvo ritmo.

Es importante que conozcas la retroalimentación de la audiencia, al finalizar tu presentación. Sus opiniones orales o escritas a través de verbos, adjetivos y sustantivos te darán una idea de lo que necesitas ajustar en tu discurso.

Cómo aprende y se conecta la audiencia a través del sistema de representación VAK

Los participantes visuales aprenden y se conectan mediante imágenes, gráficas, *props*, el uso de PowerPoint® o Keynote®, dramatización de historias. Por lo menos 30% a 40% de la audiencia es visual.

Idea: "Imagínate cómo vive un niño de la calle que trata de sobrevivir ante la indiferencia de aquellos que lo tienen todo".

A los auditivos, los conectamos a través de la narración de historias, fábulas y anécdotas, debates, discusiones de grupos, sonidos de películas o videos. Por lo general, encontramos 20% a 30% de auditivos en la composición total de los participantes.

Idea: "Cuando escuché el llanto estentóreo de aquel niño abandonado por su madre, mi corazón se hizo pedazos".

Los cinestésicos comprenden el 30% a 50% de la audiencia. Estos aprenden y se conectan cuando apelamos a sus emociones ya sea practicando lo que se explicó, creando un producto o una compañía y al sentir la tristeza–el llanto–la alegría, entre otras acciones.

Idea: "El despiadado frío hizo que los niños de la calle se acurrucaran unos con otros para que la noche fuera menos trágica para ellos".

Por lo general, las audiencias son visuales y cinestésicas. Sin embargo, debemos apelar siempre a todos los estilos de aprendizaje. Necesitas que la audiencia:

Visualice
> ¿Puedes visualizar lo que quiero compartir contigo?

Escuche
> "Te escucho; te entendí".

Sienta
> "Qué bien uno se siente cuando desocupa la mente, ¿es cierto o falso?

Para que ocurran estos tres elementos, tus recursos poderosos son las historias narradas, el uso de ayudas visuales y la manera en que involucres a la audiencia. Haz preguntas, que caminen, se levanten, repitan una frase, se conviertan en actores, confirmen con una señal si creen lo que dices, entre otras cosas. La audiencia debe visualizar-escuchar sentir tu mensaje para que piense que es una opción el cambio de comportamiento.

Asimismo, siente la audiencia, escucha su voz, reconoce sus necesidades y conéctalos a través de su sistema de representación sensorial y aprendizaje. Esto facilitará el que te ganes la conexión entre ellos y tu poderosa palabra.

Los pequeños detalles cuentan para la audiencia

Decía el gran artista Miguel Ángel Buonarroti, que para perfeccionar una obra se requiere trabajar con esos pequeños detalles que hacen la diferencia. En una ocasión, un amigo le visitó y le preguntó: "¿Qué has hecho hoy?"

El gran artista le respondió: "Trabajé perfeccionando unos detalles. El detalle de la sombra de la arruga, el detalle de la luz sobre el vestido, el detalle de la mano." Su amigo le contestó: "Esas son bagatelas, minucias. ¿Cuándo terminarás la obra?"

Miguel Angel le respondió: "Esas bagatelas, minucias, pequeños detalles son los que perfeccionan la obra y no se pueden ignorar. Son los que le dan belleza y grandeza."

En general, cuestiona lo siguiente:
- ➢ ¿He pulido mi discurso lo suficiente para que me entiendan y les añada valor a sus vidas?
- ➢ ¿Cuáles son los puntos principales de mi presentación?
- ➢ ¿Debo hacer más investigación del tema?
- ➢ ¿Serán mis palabras tan descriptivas que apelen a los tres tipos de participantes: visuales, cinestésicos y auditivos?

Aquellos pequeños detalles que trabajamos para conocer a la audiencia hacen la diferencia. Estos determinarán cuán rápido podemos entenderlos y tocar sus coazones.

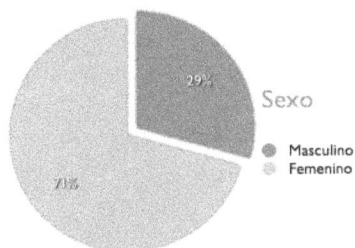

Sexo

- Masculino
- Femenino

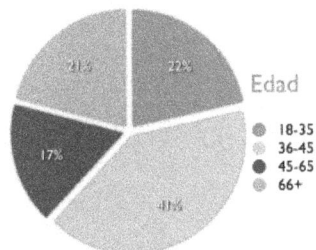

Edad

- 18-35
- 36-45
- 45-65
- 66+

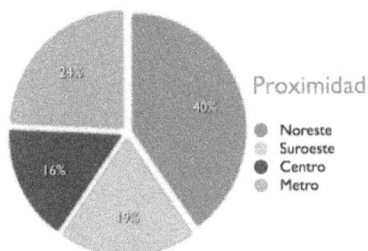

Proximidad

- Noreste
- Suroeste
- Centro
- Metro

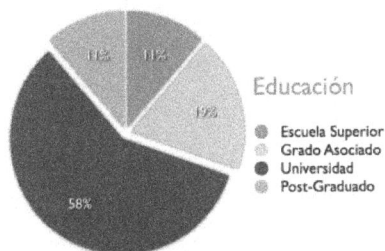

Educación

- Escuela Superior
- Grado Asociado
- Universidad
- Post-Graduado

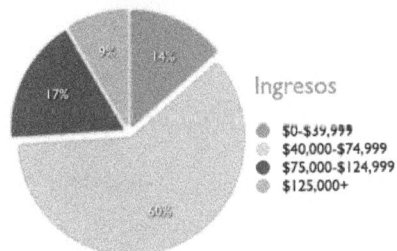

Ingresos

- $0-$39,999
- $40,000-$74,999
- $75,000-$124,999
- $125,000+

143

Capítulo 14

VÍSTETE PARA GANAR

"Que la audiencia sienta a través de tu vestimenta que eres un orador que añadirá valor a sus vidas y que pueden creer en ti". —Elbia Quiñones

Vístete para ganar

Qué dice el color de ti: ¿eres cálido o frío?

El filósofo Aristóteles estableció que todos los colores se constituyen con la mezcla de cuatro colores a los cuales clasificó como de tierra, fuego, agua y cielo. Estos a su vez causan cambios en el comportamiento humano.

Los colores que usamos provocan sensaciones en la audiencia: aceptación, rechazo, distancia, curiosidad, tranquilidad, entre otras cosas.

Alguna vez te han preguntado, ¿cómo te clasificas de acuerdo con el color de tu vestimenta? En el momento que nos presentan y nos acercamos al área de exposición, la audiencia comienza a evaluar quiénes somos para establecer nuestro nivel de credibilidad. Juzgan, además, nuestra personalidad por el color de nuestra prenda exterior, la vestimenta.

Nuestra prenda exterior se caracteriza por colores cálidos o fríos. Los colores cálidos son aquellos asociados con el calor: el fuego, el sol, la sangre. En esta clasificación encontramos el rojo, el naranja y el amarillo con sus distintas combinaciones. El rojo y el amarillo son los colores que más atendemos. El rojo es el color que muchos en la audiencia perciben con acción.

Los colores fríos se asocian con la quietud como el azul, violeta, celeste, turquesa y sus combinaciones. Se dice que calman las tensiones, el nerviosismo y las pasiones. Usa el color cálido o frío que más proyecte en tu personalidad cuán seguro y creíbles eres.

Qué dice *feng shui* del color

Según el arte chino de la colocación, *feng shui*, el color puede transformar un salón lleno de energía negativa a una positiva.

En el mundo de la oratoria, prefiero utilizar en la vestimenta los colores rojos, amarillos y azules claros, todos lisos. Para dramatismo, el negro. El color en la oratoria logra una conexión más profunda con la audiencia.

Un ejemplo del uso del color en la vestimenta y su efectividad con la audiencia es el visionario Steve Jobs de Apple®. Acostumbraba vestir mahones azules y camisa negra. Proyectaba seguridad, confianza, credibilidad y accesibilidad. De igual modo, transmitía con su cuerpo que el cambio que promulgaba estaba al alcance de todos. El color y la simplicidad de su vestimenta ayudó a convencer al mundo entero que los sueños se alcanzan cuando trabajamos intensamente y con mucha imaginación.

Selecciona el color de la vestimenta que más promueva la luz y que más se acerque a tu personalidad. Recuerda que es importante conocer la hora del evento, el tipo del evento y el lugar donde expondrás.

Estos elementos te ayudarán a identificar el mejor color de tu prenda exterior. ¡Enamora a la audiencia con colores!

Cómo vestir: consideraciones generales

> ➤ Pregunta cómo es el lugar donde expondrás; con estos detalles podrás determinar si tu vestimenta será para ambientes fríos o calientes.
> ➤ Viste de acuerdo con la ocasión. Siempre mejor que la audiencia
> ➤ Viste con el estilo clásico.
> ➤ Tu vestimenta debe ser apropiada y que permita hacer movimientos con los brazos y las manos.
> ➤ Nunca llames la atención con tu vestimenta; sé discreto y consciente que el protagonista es el mensaje de tu discurso.
> ➤ Para persuadir, usa el color rojo. Para llamar la atención, el amarillo. Usa el verde si eres el último orador de la actividad. El azul para proyectar autoridad y disipar cualquier duda sobre tu dominio del tema.
> ➤ Si serás grabado, no uses rayas o cuadros ni vestimenta blanca.
> ➤ Si sudas mucho cuando hablas, usa ropa clara para que no se vean las manchas que se generan.
> ➤ Evita el uso de accesorios que generen ruidos al levantar tus brazos o manos.
> ➤ Verifica las cremalleras, los botones de las piezas que usas. Es importante prevenir cualquier accidente que te desenfoque mientras brindas el discurso.
> ➤ Usa siempre zapatos cómodos y de un tacón moderado que te permita moverte libremente por el escenario o la plataforma y estar de pie sin sentir molestia.

➢ Lleva un par de zapatos extra, por si se rompe antes o durante tu intervención.

"Vale más una imagen que mil palabras. Tu vestimenta habla"

Probablemente has escuchado la frase: "vale más una imagen que mil palabras". Cuando presentamos, nuestra vestimenta habla; transmite mensajes y establece o destruye relaciones con los oyentes. Esto ocurre sin darnos cuenta. La vestimenta transmite códigos sobre el orador a la audiencia con respecto a la:

➢ Edad y personalidad

➢ Estatus social y económico

➢ Actitud y profesionalismo

➢ Poder y autoridad

La audiencia crea una imagen del orador en menos de treinta segundos. Algunos sicólogos consideran que los primeros siete a diez segundos son los que determinan realmente esa opinión. Un 80% de esa primera impresión se logra a través de la vestimenta, los accesorios y el aseo personal. Aprovecha la oportunidad de transmitir un mensaje de credibilidad.

Es fundamental que analices qué proyectas a través de tu vestimenta. Si consideras que el mensaje que transmites es erróneo, haz los ajustes necesarios para que la próxima ocasión que seas orador, la audiencia perciba que tanto tu mensaje, el lenguaje corporal y tu vestimenta son congruentes y eres un orador poderoso.

Vestimenta sugerida como orador o presentador

Para hombres y mujeres	Para hombres	Para mujeres
Estilo clásico	Zapatos brillados y cómodos.	Zapatos cómodos; semi cerrados o cerrados.
Traje sastre y chaqueta a tu tamaño	Chaquetas de color azul, gris o negro.	Evita el exceso de rayas, flores y los escotes profundos.
Apariencia pulcra	Corbata y correa en excelentes condiciones.	Colores básicos en la vestimenta. Evita accesorios que hagan ruido.
Cabello arreglado	Corte de pelo apropiado.	De acuerdo con el rostro y la ocasión.
El largo del pantalón no debe arrastrar ni limpiar el suelo	El pañuelo del bolsillo de la chaqueta y la camisa deben ser del mismo color.	El largo de la falda es bajo la rodilla. Usa medias de algodón para proyectar elegancia.
Para la chaqueta, solo muestra un broche (pin).	La camisa de la chaqueta debe extenderse 1/4 de pulgada de la chaqueta.	Usa perlas para dar color a tu cara.

Tu vestimenta siempre debe ser cónsona con el discurso y tu personalidad. Siempre debe proyectar que eres creíble, íntegro y listo para actuar con poder.

Capítulo 15

EL DÍA DE TU INTERVENCIÓN

"Muchas palabras han recorrido un largo camino a pie antes de conseguir sus alas".

—Marie Bon Ebner Eschenbach

El día de tu intervención

Baños de sol para ojos cansados

Nací en un pueblo costero donde el sol nos arrullaba con dulzura. Todas las mañanas mi madre decía: "Toma baños de sol. Dan color a tu vida". Con el tiempo me di cuenta que no solo daban color a mi cuerpo, sino que mágicamente disfrazaban el cansancio de los ojos. Impregnaban brillo y frescura.

Previo a tu presentación, examina tus ojos. Si lucen muy cansados, trata de tomar un baño de sol con los ojos cerrados para estimular el flujo de sangre en dicha área. Con estos baños de sol la retina puede manejar mejor la luz. Asimismo favorecen la activación de la hormona serotonina la cual es responsable del buen estado de ánimo y positivismo de los seres humanos.

Para lucir refrescante y con energía el día de la intervención, tu mirada debe mostrar vitalidad. Busca la luz solar para refrescar los ojos. Con unos pocos minutos se sentirán mejor.

Tu mirada transmite muchos mensajes y uno de ellos es que estás preparado para conectarte emocionalmente con la audiencia. Si luces cansado, los concurrentes lo percibirán y podrían pensar que tu cansancio visual es porque terminaste justamente de prepararte minutos antes de llegar al salón. Cuida tus ojos para que proyecten la grandeza que llevas por dentro.

Relaciónate con la audiencia

Si es posible y lo permite el evento donde te presentarás, trata de relacionarte antes con las personas que serán parte de tu audiencia. ¿Por qué? Mientras más empatía logres previo a tu apertura del mensaje, mayor la probabilidad que se sientan interesados por escucharte.

Utiliza los nombres de las personas que acabas de conocer para enfatizar alguno de tus puntos. Probablemente algo de lo que discutieron previo a tu presentación podría incorporarse en tu presentación.

Imagina por un momento que estás en un centro universitario ofreciendo una charla sobre *Etiqueta internacional*. Previo a la actividad en la cual fungirás como uno de los oradores invitados, conoces a tres de los participantes que trabajan en la embajada de Francia.

Ellos te indican de situaciones nuevas que han ocurrido en etiqueta y protocolo. Esa información valiosa podrás integrarla a tu charla. Será más poderosa.

Que tu presentación genere una buena impresión

Asegúrate de que el maestro de ceremonias te presente de la manera más elegante y correcta posible. Necesitas proyectar seguridad y honestidad con la introducción que se lee de ti.

Esos primeros minutos en los que se habla del mensaje que compartirás con ellos facilitará el puente emocional que construirás con tu discurso. Para ello, escribe una introducción poderosa y que no se escuche del maestro de ceremonias lo siguiente: "El orador que estaba pautado para esta intervención canceló ayer y el señor Rodríguez fue nuestra última opción para salvar este evento".

Cuando el conductor del evento termine de presentarte, acércate al atril o podio con autoridad. Salúdalo con un apretón de manos y sonríe a la audiencia. Pronuncia tus palabras en los primeros diez segundos.

No tomes agua en ese momento, no organices tu esquema, no pruebes el micrófono y no des gracias por estar allí. Cada minuto cuenta para relacionarte con la audiencia y cautivarla con tu mensaje.

Inicia tu discurso con poder

El inicio del discurso es una excelente oportunidad para que el orador establezca de forma inmediata la relación emocional e intelectual con la audiencia. La imaginación es la herramienta vital para comenzar el mensaje con poder. Como orador podrías utilizar los siguientes recursos para proyectar poder en la introducción:

- El llanto
- La carcajada
- El grito
- La dramatización de un personaje
- Narración de una historia
- Narración de una fábula
- Citar palabras elocuentes de escritores, humanistas, inventores, políticos, filósofos

- ➢ Una canción
- ➢ Datos estadísticos
- ➢ Involucrar a la audiencia (preguntas, cuáles son sus reacciones a una situación o experiencias)

Es imprescindible que esas primeras palabras que escuche la audiencia les haga pensar y los motive a escucharte. En el discurso *Países con heridas abiertas* a una audiencia de Toastmasters en Puerto Rico comencé de esta forma:

"Fusiles. Machetes. Diamantes. En Sierra Leone, África, murieron 200,000 civiles asesinados por rebeldes y menores de edad drogados que cortaban extremidades a mansalva con sus fusiles y machetes, violaban niñas y mujeres mientras saqueaban las minas de diamantes. ¿Qué hizo el mundo con esta desolación? La ignoró".

Otro ejemplo es el discurso de Susan B. Anthony, *El derecho de las mujeres a votar* de 1872 con la siguiente apertura:

"Amigos y conciudadanos: me presento aquí esta noche acusada del supuesto delito de haber votado en la reciente elección presidencial sin tener el legítimo derecho para hacerlo. Será mi tarea de esta noche probarles que con ese voto, no solo no cometí una ofensa sino que simplemente ejercité mis derechos de ciudadana, que se me garantizan a mí y a todos los ciudadanos de los Estados Unidos en la Constitución Nacional y que ningún estado tiene el poder de negarlos."

Inicia tu discurso con el recurso que entiendas sea el mejor para el tipo de discurso, la audiencia y la hora del evento. Es fundamental que conectes emocionalmente con los participantes para que piensen que sus vidas podrían transformarse gracias a tu mensaje.

Consideraciones generales para el inicio de tu discurso

- Comienza con energía.
- Sonríe a la audiencia.
- Proyecta confianza.
- Maneja el espacio y la audiencia.
- Involucra a los participantes desde el primer momento.
- Haz contacto visual con la audiencia.
- Lleva siempre notas o una guía de tu discurso.
- Respira sin levantar los brazos.
- No comiences con tono alto, te cansarás muy rápido.
- No leas directamente tu discurso.
- Si tu discurso será menor de treinta minutos, no leas. Puedes improvisar.
- No utilices notas en la introducción o en la conclusión.
- Disfruta el discurso.

Acércate a la audiencia durante tu intervención

Una de las maneras más efectivas de conectarnos con la audiencia es acercándonos a esta. Mientras más cerca, mayor conexión; mientras más distante estemos, menos relación. La distancia puede ser de uno a cuatro pies. Cuando nos acercamos a una persona de la audiencia, los que están alrededor también aumentan su interés y atención por el orador.

Utiliza esta técnica varias veces durante tu intervención. En neurolingüística se conoce este comportamiento como el efecto de las neuronas espejo. Los que están en la misma área de la persona a la que te dirigiste, atenderán más como una respuesta automática del cerebro. Es importante seleccionar de cada área del salón una persona de la izquierda, centro y derecha que te ayuden a multiplicar el interés bajo el efecto de las neuronas espejo.

Asismismo, acercarse a la audiencia es muy efectivo cuando se desea enfatizar un punto importante del tema. Esto hace que los participantes respondan más activamente a tu mensaje.

Involucra a tu audiencia para que te escuchen

Los seres humanos, por lo general, escuchamos de acuerdo con estos niveles:

- ➤ No escucha, ignora a la persona que habla
- ➤ Disimula que está escuchando, pretende
- ➤ Selecciona lo que cree es más importante
- ➤ Atiende
- ➤ Se conecta emocionalmente

Para que la audiencia llegue al quinto nivel, el contenido del discurso debe despertar sus emociones y lograr que se interesen por el mensaje. Esto se alcanza involucrando a los participantes en la presentación.

Puedes involucrarlos en estas actividades:

> Discusiones de grupos con ejercicios y cuestionarios
> Sesiones de testimonios
> Debates grupales
> Narración de historias y experiencias que marcaron sus vidas

Mientras más los involucres, más sentirás que se conectan emocionalmente. El final de la presentación es el punto donde te ganas el corazón de la audiencia y su compromiso de cambiar sus vidas.

Reconoce el lenguaje corporal de la audiencia

Tanto el orador como la audiencia hablan a través del lenguaje poderoso del cuerpo. Es imprescindible que reconozcas las señales, los gestos y los movimientos que transmiten los participantes durante tu intervención.

Enfatizo que interpretamos estas señales en conjunto y de acuerdo con el escenario; un gesto solo no puede ayudarnos a determinar qué siente o percibe la audiencia. Buscamos cambios en los patrones de sus comportamientos (antes y durante tu intervención).

Algunos gestos, señales o movimientos que podrían ayudarte en la lectura de cómo percibe la audiencia tu mensaje:

Torso y cabeza se inclinan hacia ti	Escuchan con atención
Mano sujetando la barbilla con un dedo cerca del oído	Atentos, escuchando

Piernas y pies apuntando hacia ti	Interesados en el mensaje
Frotarse las manos	Impaciencia
Apretarse la nariz	Evaluación negativa
Mirar hacia abajo	No creo lo que dices
Frotarse un ojo	Duda
Tocarse ligeramente la nariz	Duda, rechaza, ansioso, cree que mientes
Torso y cabeza se inclinan hacia atrás	Desconectado
Poner un dedo en la boca	Quiere decir algo
Cruzar los brazos sobre el pecho	Estoy en desacuerdo contigo, me siento atacado o siento que mientes
Tocarse el cuello y frotarlo	Es un pacificador, se siente nervioso

Evaluar las reacciones de la audiencia e interpretarlas de acuerdo con el momento, al mensaje y a la combinación de gestos que se generan nos permitirá ajustar y sincronizar nuestro mensaje para que sea creíble y poderoso. Recuerda siempre decodificar el lenguaje no verbal de la audiencia con grupos de gestos para que tu ajuste en tu mensaje sea el correcto.

Cómo responder a preguntas improvisadas

Cuando practicamos y ensayamos un discurso, también ensayamos posibles respuestas a preguntas asociadas al tema. Sin embargo, en ocasiones ciertas preguntas no forman parte de ese grupo que ensayamos. ¿Cómo manejamos estas preguntas improvisadas?

Antes de contestar estas preguntas, haz lo siguiente:

- Observa a la persona que pregunta
- Escucha con atención
- Procesa la respuesta apropiada en el menor tiempo posible
- Amortigua la respuesta

Cuando contestamos preguntas o planteamientos rudos de la audiencia, podemos amortiguar la respuesta utilizando las siguientes expresiones:

- "En mi opinión..."
- "Me parece que esta postura..."
- "Si me ofrece más detalles, podría ayudarle con..."

No solo es responder a las preguntas, sino contestar con diplomacia y estilo. Muchas veces el mensaje cobra fuerza en las sesiones de preguntas y respuestas. Es una oportunidad para conectarnos con aquellos participantes que nos ignoraron o pretendieron escucharnos. Aprovecha cada momento para conectarte con la audiencia.

Manejo de preguntas

- Solicita a las personas con preguntas que se levanten cuando les toque el turno de exponerla. De esta manera tendrás la oportunidad de parear la voz y la pregunta con la persona. Además, la audiencia prestará más atención.
- Puedes sugerir para aquellas personas que no quieren leer las preguntas en voz alta, que te entreguen un papel con su pregunta.

> Anota las preguntas que no pudiste contestar o que ameritan mayor investigación. Apunta los nombres de las personas y sus correos electrónicos para contestarles lo antes posible.

Para contestarlas, podrías hacer lo siguiente:

> Escucha con atención antes de contestar. Tu respuesta será más efectiva cuando escuchas, piensas y seleccionas los puntos más importantes de la pregunta. Escucha, procesa y extrae una idea la cual podrás subdividir en dos o tres puntos.

> Pausa unos segundos (1 a 3) para tener tiempo de responder.

> Para ganar más tiempo y que el subconsciente formule la respuesta, repite la pregunta. Por ejemplo: Lo que preguntas es, ¿cuánto crecerán los programas de oratoria en Puerto Rico? Al repetir la pregunta, le das tiempo al cerebro de buscar alguna idea o anécdota que puedas contar.

> Reconoce a la persona que hizo la pregunta: "Gracias por esa pregunta o magnífica pregunta la que usted ha hecho". Cada una de las personas que realice preguntas debe recibir el mismo reconocimiento.

> Organiza tus ideas y responde. El orador motivacional Rubén Huertas sugiere que utilicemos la técnica de organizar las ideas, en voz alta, enumerando las cosas:

Hablaré primero sobre _____

El segundo tema a discutir es _____

El tercer tema comprende _____

➢ Responde con emoción. Proyecta el poder de tu respuesta utilizando estadísticas, vivencias, lecturas o citas. *En Puerto Rico, en los últimos dos años los programas de oratoria han crecido un 21% y se han beneficiado sobre 10,000 personas y organizaciones profesionales.*

➢ Que tu respuesta vaya a la par con el lenguaje corporal y que se pueda identificar el propósito del mensaje.

➢ Recuerda que tus respuestas no deberán ser largas para que la audiencia no se desespere.

➢ Pregunta siempre si la respuesta que ofreciste satisfizo a la persona: "¿esta respuesta contestó su planteamiento?" Si es afirmativa, te enfocas en la próxima pregunta; si es negativa, haz más preguntas a la persona para aclarar y satisfacer su curiosidad o duda.

Recomendación: No realices la sesión de preguntas y respuestas al final de tu intervención. Responde a las preguntas cada 20 y 40 minutos y finalizas con varias al final.

La razón de esto es que los lapsos de atención duran unos veinte minutos, por lo que es una buena manera de refrescar la audiencia. Procura terminar con un fuerte cierre porque es lo último que escuchará la audiencia. Recuerda anotar aquellas preguntas que merecen investigación de tu parte.

ELBIA QUIÑONES CASTILLO

Cuál es el mejor momento para distribuir el material de referencia

Cuando nos contratan para ofrecer discursos o presentaciones, en la mayoría de los casos nos solicitan con anticipación que preparemos material de referencia para la audiencia. La pregunta es: ¿en qué momento este debe distribuirse–al principio, en el medio o al final?

Aunque prefiero distribuir los materiales de referencia al finalizar la presentación, la mayoría de los recintos universitarios y las organizaciones profesionales donde ofrezco discursos y charlas solicitan que les entregue los documentos previo a la exposición. Acostumbro a entregar una guía de lo que presentaré; no la presentación completa. Es importante evitar que la audiencia se distraiga cuando tiene los materiales impresos en la mano durante la presentación.

Si decides entregar los materiales de referencia al terminar tu presentación, asegúrate que la concurrencia los reciba ese mismo día, ya sea impresos o por correo electrónico.

166

Puntos importantes a repasar:

> Si mencionas desde el principio que los materiales serán entregados al final se relajarán de no copiar tantas notas de tu presentación. Tendrán más tiempo para escucharte.

> Deja claro que los documentos están destinados para llevarse y estudiarse.

> La audiencia no se distrairá al leerlos durante tu presentación. Es importante que mantengan la atención y la mirada hacia ti cuando eres orador.

> En algunos casos, ¿por qué deberías distribuir los materiales de referencia al inicio? La razón es que la audiencia necesita entender el tema con anticipación.

> La presentación tiene un alto contenido técnico. Por lo que es necesario que la audiencia se familiarice con esas palabras de forma escrita. La lectura del papel de ese lenguaje técnico producirá menos fatiga a la audiencia que la lectura a través de la pantalla proyectada.

> La presentación incluye ejercicios que se trabajan con la audiencia. Entregarlos antes de tiempo evitará la interrupción que se produce en medio de la presentación en el intento de distribuir copias para los participantes.

Identifica con tiempo cómo manejarás el material de referencia. No queremos que la audiencia se pierda ni una sola palabra poderosa de tu discurso o presentación. Esa conexión emocional no puede perderse.

Capítulo 16

PERSUADE CON AUDIOVISUALES

"El objetivo de la oratoria no solo es la verdad, sino la persuasión".
—Thomas Macaulay

Persuade con audiovisuales

Sorprende a la audiencia con recursos *props*

Los recursos *props* son muy buenas herramientas para lograr la atención inmediata de la audiencia en vez de entregar notas y material de referencia. Es similar a los conciertos de *rock & roll* en los cuales, en su mayoría, se pasa de mano en mano una bola gigantesca o se lanzan burbujas de jabón para avivar la emoción de la concurrencia.

Un orador puede utilizar cualquier objeto para llamar la atención: una silla, una gorra, un silbato, un rompecabezas, una alarma, una bola, un disfraz, un bastón, marcadores, bolígrafos, proyectores, etc.

Cuando el *prop* es el proyector, es crucial que transmitas tu inspiración mediante este recurso y que en la audiencia pueda recrearse expectación y el deseo de escuchar tu mensaje.

Cómo conectar el mensaje a través del proyector y las transparencias

1 Planifica, primero, de manera análoga: fuera de la computadora. Organiza tus ideas y pensamientos con notas que te ayuden a crear la historia.

2 Diseña simple, claro y elegante. Tu presentación debe respirar. No sobrecargues con textos o millares de imágenes en una sola transparencia.

3 Piensa siempre en el propósito de la historia y qué deseo recuerde la audiencia.

4 Utiliza el enfoque zen. Mientras menos palabras utilices en las transparencias, más impactante será tu historia.

5 Si presentarás un video, es preferible descargarlo primero en vez de tener un enlace de la internet para accederlo durante tu intervención.

6 Utiliza el contraste, los colores, las imágenes, movimientos y sonidos para que tu presentación sea cautivadora.

7 Usa imágenes de alta resolución: 1024 x 768 pixeles, 4MB, etc.

8 No entregues tu presentación en el inicio; prepara un resumen y distribúyelo una vez concluya tu discurso, salvo sea excesivamente técnica.

9 Cierra tu presentación con un resumen de lo que esperas hayan aprendido y cómo pueden beneficiarse si aplican los conceptos.

10 Combina el cierre verbal con una pieza musical, un sonido o simplemente una imagen impactante.

Recuerda: Tus recursos de apoyo visual deben ser simples. Cuando uses transparencias, no bloquees la pantalla. Ubícate al lado. Tus transparencias no deben ser el elemento más importante de tu presentación. El elemento más importante es tu palabra; cómo tu palabra puede transformar a los que te escuchan.

Para descargar imágenes:
    http://www.google.com
    http://www.imageafter.com
    http://www.morguefile.com

Cuando las cosas vayan mal...

Se fue la luz, ¿qué hago?, ¿continúo hablando?, ¿querrán escucharme si no me ven? Esas preguntas pasaron por mi mente justamente cuando se fue la luz un minuto después que comenzó mi discurso titulado *El niño de la calle que transformó mi vida*. La audiencia me apoyó para que continuara hablando. Aparecieron linternas y celulares para alumbrar mi rostro. Fue una oportunidad exquisita para crecer como oradora. ¡Jamás imaginé que podía pasarme!

Muchas veces pensamos que tendremos una intervención perfecta mientras hablamos o presentamos el tema. La realidad es que existen un sinnúmero de desafíos y retos que intentan afectar nuestro desempeño. Algunos pueden anticiparse; otros, no (fuego en el lugar). Por lo general, si pasa algo imprevisto la audiencia desea ayudarte y que seas exitoso. Confía en que te escucharán, con o sin luz y aún tendrás la gran oportunidad de intentar que piensen que pueden mejorar el estatus actual de sus vidas.

Es importante que definas un plan de salvación para manejar estas situaciones imprevistas. Si no hay fuego o inundaciones, eres responsable de completar la presentación. Algunas de estas situaciones son:

1 Dificultades técnicas: Si algo va mal, y no crees que puedas resolverlo, pregunta a la audiencia si existe algún experto que pueda ayudarte. La dificultad ahora se comparte con todos los presentes. Dejó de ser solo del orador.

2 El tamaño de la audiencia cambió: Si es menor a lo proyectado, olvida el esquema y pasa a una conversación con el grupo. La charla será breve y pasarás inmediatamente a la sesión de preguntas y respuestas. Podrías decir: "Esto nos brinda la oportunidad de entrar en una discusión más profunda acerca de la transformación interior".

3 El tiempo asignado cambió: En muchas ocasiones podrían anunciarte que tu intervención será menor a lo que habías ensayado. Prepara dos versiones del discurso: una, corta y la otra, larga. Esto es por si te anuncian que todo se atrasó en la agenda y tienes menos tiempo en tu intervención.

4 Personas negativas que solo sabotean tu mensaje: No le hagas caso a los participantes saboteadores de la audiencia. A la mayoría de los oradores les resulta retante conquistar a este tipo de personas, por lo que se esfuerzan demasiado en capturarlos durante todo el discurso. La realidad es que con esta estrategia se incrementa el que haya más saboteadores. Las llamadas neuronas espejo hacen que los que estén alrededor copien o imiten ese comportamiento al sentir que se le está dando importancia a los negativos del grupo. Enfócate en los que aprecian tu presentación.

5 Personas que interrumpen y no se callan: Párate frente, al lado o detrás de ellos. Esto evitará que continúen con su patrón de interrumpir o sabotear tu intervención. Es una estrategia poderosa; los callas sin decir una palabra.

Cuando el ruido ahoga tu voz

En un taller de bienes raíces comerciales que participé pasó algo muy inusual. Sentí que la voz del presentador se ahogaba con cada palabra que pronunciaba. Cuando comenzó a presentar su mensaje, una máquina de podar césped fue encendida. A pesar de la estructura tan sólida del edificio, el ruido penetró con tanta fuerza que tuvimos que solicitar que la apagaran hasta tanto concluyera su intervención.

Estoy segura de que el orador no se imaginaba que una máquina como esta trataría de boicotear su participación. ¿Qué hizo? Se mantuvo ecuánime y continuó su presentación. Se proyectó como un profesional serio capaz de manejar una situación como esta. ¡No salió corriendo!

Manten la calma cuando surgan escenarios que no puedas controlar. Investiga si en el lugar donde presentarás llevarán a cabo el mantenimiento al edificio el mismo día que participarás como orador. Verifica, además, si cerca del lugar pasará alguna caravana promoviendo un político del área. En tiempos de elecciones, es muy común escuchar mensajes en altoparlantes que podrían ahogar tu voz, si estás al aire libre.

¡Que el ruido no ahogue tu voz!

Capítulo 17

No pierdas tu rumbo

"Perdona siempre a los demás, nunca a ti mismo".

—Séneca

No pierdas tu rumbo

Perder el rumbo: no prepararse y hablar demasiado

¿Cuánto estás dispuesto a sacrificar si no te preparas para una intervención: tu reputación, tu aportación como ciudadano interesado en el bienestar de los demás, tu crecimiento profesional y el potencial de generar ingresos?

No solo se afecta tu reputación, tu credibilidad y muchas cosas más, sino que la audiencia no será capaz de perdonar la confusión de tu mensaje, el aburrimiento causado por la falta de preparación y de emoción que no inyectaste. También afecta tu probabilidad de ser considerado como recurso en otra ocasión.

Qué proyectas a la audiencia:

1 No tienes un mensaje claro: ¿de qué habla?

2 Tu mensaje es desorganizado: ¿qué confusión?

3 Carece de propósito el mensaje: ¿me ayudará en algo lo que dice?

4 No sabe extraer las ideas principales y no reconozco el beneficio para mi vida: ¡perdí mi tiempo y mi dinero!

Leer directamente de las transparencias y olvidar que existe la audiencia

Cuando leemos directamente de una transparencia, cada línea y cada palabra y se hace para toda la presentación, la audiencia tiende a desconectarse inmediatamente. No podemos olvidar que es nuestra responsabilidad ayudar a que cada oyente mejore en la vida y se transforme con nuestro mensaje, por lo que es crucial que tengamos contacto visual con la mayoría de los concurrentes.

Es importante que ellos perciban que somos expertos y creíbles en lo que comunicamos. Estos deben sentir el cúmulo de emociones que se derivan y transmiten a través de nuestro mensaje.

En muchos eventos que he participado recientemente, me he percatado que los oradores recitan cada palabra que aparece en la transparencia. Esto debido a la gran cantidad de información escrita que no aprendieron o no supieron manejar, por lo que se ven obligados a utilizar la transparencia como su principal recurso.

Si te preparas, ensayas y extraes la información a ofrecer y que sea de valor para la audiencia, evitarás desconectarte de la misma. Recuerda, querido lector y orador, que el mensaje debe relacionarse a la audiencia, tener profundidad y saber cómo decirlo. Cuando lees de manera excesiva, estás perdiendo la increíble oportunidad de conectarte con la audiencia mediante tu poderosa palabra.

Decir lo inesperado

No te disculpes

¿Qué pensarías de un orador que tan pronto comienza su oratoria se disculpa ante la audiencia por no haberse preparado lo suficiente? Automáticamente te desconectas; esos primeros segundos tan importantes para establecer un lazo con la audiencia se perdieron.

En otras ocasiones he escuchado a ciertos oradores comentar cuántas muletillas mencionaron en pleno discurso. Esto tampoco facilita conectarnos con la audiencia. Aunque cometas errores al mencionar palabras o utilices muletillas, no debes resaltarlo. Mientras más lo enfatices durante el discurso, más la audiencia estará pendiente de estos 'pecadillos' que del mensaje.

Cada vez que presentes un discurso, trata de grabarlo. De esta manera podrás identificar las áreas a mejorar en proyección, dicción, modulación, lenguaje corporal, entre otras. Recuerda que siempre, siempre nos preparamos para ofrecer el discurso. No más excusas, la audiencia se merece lo mejor de ti. No más disculpas por no haberte preparado.

"Mi mensaje está en la iPad™. No entiendo lo que escribí"

Con las maravillosas creaciones tecnológicas, muchos discursos se leen directamente de la tableta, teléfonos inteligentes o del *teleprompter.* Los discursos protocolarios requieren que cuando leamos no nos equivoquemos en el orden de las palabras o de las ideas que transmitimos. Demandan mucha práctica para perfeccionar la lectura, relacionarse con las palabras y con el énfasis del mensaje.

Sin embargo, leer un discurso implica que nos convirtamos en actores. Que esa palabra cobre vida, aunque sea leída. Requiere muchos tonos para que la audiencia pueda recrear una historia a través del mensaje. Para ello, comparto varios consejos:

> ➤ Practica la lectura y ensaya frente a un espejo para añadir movimientos gestuales y manuales donde sean necesarios.

> ➤ Solicita observaciones y comentarios a los demás sobre tu estilo al pronunciar el mensaje.

> ➤ Graba tu lectura mientras la ensayas. Puedes grabarla en tu celular, computadora o en cualquier equipo tecnológico que lo permita. Procura escuchar la grabación varias veces para identificar cómo es tu dicción, qué tonos necesitas.

La práctica de la lectura del mensaje evitará que menciones: "Mi mensaje está en la iPad™. No entiendo lo que escribí".

Capítulo 18

Cierre y evaluación de tu intervención

"Pregúntate si lo que estás haciendo hoy te acerca al lugar en el que quieres estar mañana".

—Walt Disney

Cierre y evaluación de tu intervención

Cierra con Poder

El cierre de una presentación o discurso requiere tres cosas:

1 Resumir lo presentado.
2 Recordar a la audiencia los beneficios de implementar las ideas de tu propuesta.
3 Cerrar con un llamado a la acción.

Los recursos definidos en el inicio del discurso también pueden utilizarse para el cierre de tu discurso. En el cierre es necesario recordar a la audiencia el mensaje principal de tu oratoria y qué acción nueva deseas efectúen en sus vidas. Pregunta al final qué piensan sobre tus ideas y lo más importante, cómo y cuándo las utilizarán para cambiar sus vidas.

Por lo general, la audiencia retiene entre un 10% a 30% del mensaje, dependiendo del poder del discurso. Este porcentaje disminuye al transcurrir los días en los que escuchó tu mensaje. Para incrementar el 30%, prepara y ensaya un cierre memorable con persuasión. Que los invite a reflexionar sobre cómo podrían ser mejores padres, madres, hijos, ciudadanos y políticos adoptando una justa acción.

El cierre del discurso de *Países con heridas abiertas* fue de este modo:

"No olvidemos la vil explotación de diamantes, no olviden a Mandou, Ismael y las 200,000 víctimas asesinadas por la avaricia desmedida de Taylor, un hombre mezquino y cruel. Pidamos justicia al Tribunal de La Haya para que silencie a este monstruo y pueda Sierra Leone cerrar sus heridas".

Susan B. Anthony concluyó con estas palabras: "La única pregunta que queda ahora por formular es: ¿son personas las mujeres? No puedo creer que algunos de nuestros oponentes tengan la audacia de decir que no."

Cuando inicias y cierras con poder, tus palabras tienen mayor probabilidad de impulsar el crecimiento interior de los que te escuchan. Las tres partes del discurso deben trabajarse para que el tema que desarrollaste, comience y termine con fuerza y con actitud.

Consideraciones generales:

Termina un poco antes tu intervención. Mientras transcurre el día, la atención del público tiende a disminuir. La audiencia está más presta a escuchar volúmenes de información por la mañana que por la noche. Después de la cena y las bebidas, no se recomienda exponer por más de doce minutos si es una oratoria para inspirar. Para la cena, son más efectivas las oratorias con elementos de humor.

Agradecer o no a la audiencia por haberte escuchado

La controversia de agradecer o no a la audiencia por habernos escuchado nos impulsa a reflexionar en el planteamiento filosófico: ¿qué realmente agradezco? Se agradece la oportunidad de promover un cambio en los que escuchan. Ser el instrumento para lograr que sus vidas sean mejores es la bendición más especial que un orador puede recibir. Agradecer o no es una decisión íntima entre el orador y sus oyentes.

Podrías concluir de esta manera: "Esta maravillosa audiencia me ha permitido estudiar mi interior y espero que ustedes también hayan podido hacerlo. Recuerden, todos podemos cambiar al mundo".

Acepta críticas constructivas

Mientras presento un discurso, ¿qué cosas podrían escuchar y observar los demás de mí, que si las conociera y las trabajara podrían ayudarme a ser un orador de impacto? ¿Podrían sus comentarios lograr que fuera un mejor comunicador? La respuesta es afirmativa. Confía en tu pareja, tus compañeros de trabajo, tus padres o aquella persona que escuche con atención tus palabras cuando practicas un discurso.

Probablemente observarán gestos y movimientos que afectan la proyección de tu mensaje o tal vez es necesario trabajar más con tu lenguaje gestual, lenguaje manual y lenguaje de las piernas y los pies. Asimismo, podrían ayudarte identificando los matices en tu mensaje, ¿son adecuados, la audiencia te escucha en distintos tonos, resulta agradable escuchar los cambios de voz?

Solicita que te indiquen cómo puedes mejorar el contenido y la proyección del mensaje y que mencionen ejemplos claros y concisos de lo que puedes mejorar. Acepta críticas constructivas, reflexiona y trata de incorporar aquellos cambios necesarios para que tu oratoria brille con poder.

Razones que convierten a un buen orador en uno sin gloria alguna.

1 Cree que tiene tanto talento y carisma que no necesita practicar su discurso.

2 Se niega a crecer. No lee, no se educa.

3 No habla al nivel de la audiencia. Habla en conceptos muy abstractos.

4 Su material es muy desorganizado. No fluye, no tiene ritmo.

5 Cuenta demasiadas historias.

6 Ofrece detalles de manera excesiva, es la muerte segura del discurso.

7 Imita a oradores famosos.

8 Demasiado emocional sobre su mensaje.

9 Cubre demasiado material y cierra de forma abrupta por falta de tiempo.

10 Ignora el tiempo, se excede siempre.

11 Habla muy rápido, no usa pausas.

12 Su intención es solo impresionar en vez de mejorar la condición de la audiencia.

13 Carece de propósito.

14 No conoce su audiencia ni entiende el tema a presentar.

15 Utiliza material o citas muy viejas que muchos oradores usan.

16 Habla de sus logros sin parar; si es así, mejor que no hable.

17 No proyecta energía en su mensaje ni en su relación con la audiencia. No tiene pasión.

18 Sus transparencias son el actor principal de su presentación. Su palabra no tiene poder.

19 Lee su discurso sin haberlo practicado antes y no le inyecta emoción alguna.

20 ¡Nada memorable!

Sé Poderoso

Evita gritar

Viste apropiado

Cierra con poder

Evita las muletillas

Mira a la audiencia

Proyéctate positivo

Usa un lenguaje sencillo

Conoce y domina el tema

Delimita y estructura el tema

Practica ejercicios de respiración

Cuida el tono y la intensidad de la voz

Adapta el lenguaje al público a dirigirte

Proyéctate amable, sonriente y confiado

Lee a la audiencia, atento a sus reacciones

Cuida la entonación y pronunciación de las palabras

Comienza con poder (pregunta, cita, sonido, anécdota)

Proyecta la voz con ritmo y naturalidad, evita la monotonía

Utiliza gestos, movimientos y voz que sincronicen con el mensaje

"Lanza primero tu corazón y tu caballo saltará el obstáculo. Muchos desfallecen ante el obstáculo. Son los que no han lanzado primero el corazón".

—Noel Clarasó

Capítulo 19

Recursos educativos

"En el idioma está el árbol genealógico de una nación".—Samuel Johnson

RECURSOS EDUCATIVOS

Enriquece tu expresión y tus palabras

En esta sección se incluyen ejemplos de expresiones gramaticales a considerar cuando prepares el mensaje de tu discurso o presentación. Un orador que se expresa correctamente es poderoso. Siempre será escuchado.

Uso incorrecto	Uso correcto
A causa de	Por causa de
A celebrarse	Por celebrarse
A convocar	Por convocar
A menos de que	A menos que
Bajo el punto de vista	Desde el punto de vista
De acuerdo a	De acuerdo con
De gratis	Gratis
Empezar de nuevo	Empezar
En referencia a	En referencia con
Hasta el punto de	Al punto de
No me recuerdo	No me acuerdo
Pagar por algo	Pagar algo
Por motivo a	Por motivo de
Preveer de antemano	Preveer
Sentarse en la mesa	Sentarse a la mesa

Formas del adjetivo: superlativos

El adjetivo en grado superlativo se utiliza para describir una cualidad en su mayor intensidad posible. Por lo general, estos se construyen con el sufijo "ísimo". Sin embargo, algunos por su forma irregular o condición se construyen con los sufijos "emo", "imo" y érrimo".

Positivo	Superlativo
abundante	ubérrimo
agrio	acérrimo
alto	supremo
áspero	aspérrimo
bueno	óptimo
célebre	celebérrimo
épico	epiquérrimo
grande	máximo
íntegro	integuérrimo
libre	libérrimo
malo	pésimo
mísero	misérrimo
pobre	paupérrimo
pulcro	pulquérrimo
salubre	salubérrimo

Vocablos aceptados por la Real Academia Española

Las siguientes palabras han sido aceptadas por la Real Academia Española. Las palabras en *itálicas* tienen que escribirse de esa manera para que su uso sea correcto.

Palabra aceptada	Proviene de
activar	to activate
billón	billion
bisnes	business
bisté	beef steak
bloguero	blogger
campus	campus
chatear	to chat
chequear	to check
empoderamiento	empowerment
escáner	scanner
espanglish	Spanglish
filmar	to film
junior	junior
yoqui	jockey
tableta	tablet
tuit y tuitero	tweet y twitter
zíper	zipper

Mejora la articulación del sonido

Comparto trabalenguas adicionales, de origen popular, para mejorar la articulación de las consonantes C, P, R, S y T. Practícalos para mejorar y fortalecer tu dicción.

Para trabajar la letra 'C'

Cuando cuentas cuentos,
nunca cuentas cuántos cuentos cuentas,
porque cuando cuentas cuentos,
nunca cuentas cuántos cuentos cuentas.

Encantador encanto encantamiento encanta,
encante encantarar un cántaro cantando.
Encante encantarar un cántaro cantando,
encantador encanto encantamiento encanta.

Para trabajar la letra 'P"

Un podador podaba la parra
y otro podador que por allí pasaba le preguntó:
podador que podas la parra, ¿qué parra podas?
¿Podas mi parra o tu parra podas?
Ni podo tu parra, ni mi parra podo,
que podo la parra de mi tío Bartolo.

Pepe Piña Pecas pica papa,
pica papa Pepe Piña Pecas.

Para trabajar la letra 'R'

Yo tenía una garza grifa con cinco garcigrifitos;
como la garza era grifa, grifos fueron los garcigrifitos.

Qué triste estás, Tristán,
tras tan tétrica trama teatral.

Para trabajar la letra 'S'

La sucesión sucesiva de sucesos,
sucede sucesivamente,
con la sucesión del tiempo.

Si la sierva que te sirve,
no te sirve como sierva,
de que sirve que te sirvas,
de una sierva no sirve.

Para trabajar la letra 'T'

En Turín Tere Teresa teteretea la tetera,
tarolo torero Toribio torea toro tiro de altura,
toro atora y tira a Tere Teresa y tarolo torero Toribio.

Teté tiene tiempo para tomar una taza de té,
de la tetera templada con una tostada.
De la tetera templada con una tostada,
para tomar una taza de té Teté tiene tiempo.

"La vida es una obra de teatro que no permite ensayos. Por eso canta, ríe, baila, llora y vive intensamente. Vive intensamente cada momento de tu vida antes de que el telón baje, y la función termine sin aplausos".
—Charlie Chaplin

Palabras poderosas del cine

El cine también es un medio para que los protagonistas de las historias nos emocionen con frases o discursos que nos motivan, inspiran o persuaden a mejorar nuestras vidas. Millones de personas alrededor del mundo sienten a diario el arte y el poder de la oratoria a través del cine.

Comparto esta compilación de frases y diálogos del cine:

Sam Worthington en Avatar (2009)
"La gente del cielo nos ha enviado un mensaje, que pueden tomar lo que quieran y nadie les impedirá hacerlo; pero, les daremos un mensaje. Cabalguen tan rápido como los lleve el viento, díganles a los demás que vengan, díganles que Toruk Maktoo los está llamando. Ahora vuelen todos conmigo, hermanos, hermanas. Demostremos a la gente del cielo que no pueden llevarse lo que quieran y que esta, ESTA ES NUESTRA TIERRA".

Robin Williams en Dead Poets Society (El Club de los Poetas Muertos 1989)
"Porque seremos pasto de los gusanos, porque lo crean o no todos los que estamos en esta sala un día dejaremos de respirar. Nos enfriaremos y moriremos. Quisiera que se acercaran aquí y examinaran estas caras del pasado. Las han visto al pasar, pero no se han parado a mirarlas. ¿No son muy distintos a ustedes verdad? El mismo corte de pelo, repletos de hormonas igual que ustedes, invencibles, como ustedes se sienten, todo les va viento en popa, se creen destinados a grandes cosas como

muchos de ustedes. ¿Creen que quizás esperaron hasta que ya fuera tarde en hacer de sus vidas un mínimo de lo que eran capaces? Porque estos muchachos están ahora criando malvas, comprenden señores, pero si escuchan con atención podrán oír como les susurran su legado, acérquense, escuchen, ¿lo oyen? *Carpe*, lo ven, *Carpe, Carpe diem*, aprovechen el momento, chicos. Hagan que sus vidas sean extraordinarias".

Al Pacino en Scent of a Woman (Esencia de Mujer 1992)
"Creadores de líderes...Tengan cuidado con que clase de líderes están produciendo aquí. Yo no sé si el silencio de Charlie está bien o mal. No soy juez, ni jurado. Pero puedo decirles esto: él no venderá a nadie para comprar su futuro. Eso, amigos míos, se llama integridad, eso se llama valor. Esa es la pasta de la que deben estar hechos los líderes".

Mel Gibson en Braveheart (1995)
"Hijos de Escocia, soy William Wallace. Han venido a luchar como hombres libres, y hombres libres son. ¿Qué harían sin su libertad?, ¿lucharían? Luchen y puede que mueran, huyan y vivirán un tiempo al menos, y al morir en su lecho dentro de muchos años, ¿no estarán dispuestos a cambiar todos los días desde hoy hasta entonces por una oportunidad, solo una oportunidad de volver aquí a matar a nuestros enemigos? Puede que nos quiten la vida, pero jamás nos quitarán la libertad".

Al Pacino en Any Given Sunday (Un domingo cualquiera 1999)
"En este equipo nos dejamos el pellejo nosotros y cada uno de los demás por esa pulgada que se gana. Porque cuando sumamos una tras otra, porque sabemos que si sumamos esas pulgadas eso es lo que marcará la

diferencia entre ganar o perder. Vivir o morir. Les diré una cosa en cada lucha, aquel que va a la muerte es el que gana ese terreno. Sé que si queda vida en mí es porque aún quiero luchar y morir por esa pulgada. Porque vivir consiste en eso".

Rusell Crowe en Gladiator (Gladiador 2000)
"Si se ven cabalgando solos por verdes prados con el rostro bañados por el sol, que no les cause temor. Estarán en el Eliseo y ya habrán muertos. Hermanos lo que hacemos en la vida tiene su eco en la eternidad".

Viggo Mortensen en The Lord of the Rings – The Fellowship of the Ring (El Señor de los Anillos 2001)
"Veo en sus ojos el mismo miedo que podría descorazonarme. Pudiera llegar el día en el que el valor de los hombres falle y de que olvidáramos a nuestros compañeros y que rompiéramos la comunidad; pero, hoy no es ese día en que una manada de lobos vindicará su victoria sobre unas espadas y escudos rotos. Hoy no es ese día. ¡Hoy, pelearemos!".

Rick González en Coach Carter (2005)
"Nuestro mayor miedo no es que no encajemos, nuestro mayor miedo es que tenemos una fuerza desmesurada, es nuestra luz y no nuestra oscuridad lo que más nos asusta. Empequeñecerse no ayuda al mundo, no hay nada inteligente en encogerse para que otros no se sientan inseguros a tu alrededor. Todos deberíamos brillar como hacen los niños, no es cosa de unos pocos, sino de todos, y al dejar brillar nuestra propia luz inconcientemente damos permiso a otros para hacer lo mismo al liberarnos de nuestro propio miedo, nuestra presencia libera automáticamente a otros".

Silvester Stallone en Rocky Balboa (2006)
"El mundo no es todo alegría y color... Es un lugar terrible, y por muy duro que seas es capaz de arrodillarte a golpes y tenerte sometido permanentemente si no se lo impides. Ni tú, ni yo, ni nadie golpea más fuerte que la vida. Pero no importa lo fuerte que golpeas, sino lo fuerte que pueden golpearte. Lo aguantas mientras avanzas, hay que soportar sin dejar de avanzar; así es como se gana! Si tú sabes lo que vales, ve y consigue lo que mereces. Pero tendrás que aguantar los golpes".

Will Smith en The Pursuit of Happiness (En búsqueda de la felicidad 2006)
"No permitas que nadie diga que eres incapaz de hacer algo, ni siquiera yo. Si tienes un sueño, debes conservarlo. Si quieres algo, sal a buscarlo, y punto. ¿Sabes?, la gente que no logra conseguir sus sueños suele decirles a los demás que tampoco cumplirán los suyos".

Morgan Freeman en Invictus (Invicto 2009)
"En Robben Island, en la cárcel de Pollmoor todos los carcelarios eran africanos. Me pasé veintisiete años estudiándolos. Aprendí su idioma, leí sus libros, su poesía. Tenía que conocer a mi enemigo antes de poder vencerle y nosotros le hemos vencido. Nuestros enemigos no son los africanos. Son ahora compatriotas, compañeros de democracia y para ellos, lo más sagrado es su equipo de rugby. Si le arrebatamos eso, le perderemos.

Le demostraremos que somos como ellos temían que éramos. No podemos caer tan bajo. Tenemos que sorprenderles con compasión, templanza y generosidad. Sé muy bien de todo lo que nos han privado; pero, este no es el mejor momento de aplaudir venganzas absurdas. Es el momento de construir nuestra nación utilizando hasta el último ladrillo disponible".

Colin Firth en The King's Speech (El discurso del Rey 2010)
"Por el bien de todo aquello que nosotros defendemos resulta impensable que nos neguemos a aceptar este reto. Y es por este elevado propósito que llamo a mi pueblo tanto aquí en Reino Unido como ultramar que hagan suya nuestra causa. Les pido que mantengan la calma y sigan firmes y unidos en estos tiempos difíciles. Será una ardua tarea. Tal vez se avecinen días sombríos ya que hoy día la guerra no puede limitarse al campo de batalla. Pero solo podemos hacer lo correcto como lo entendemos y con reverencia encomendar nuestra causa a Dios. Si todos y cada uno seguimos resueltos y fieles a ello, con la ayuda de Dios nosotros venceremos".

Justin Timberlake en la película In Time (El precio del mañana 2011)
"Nadie debe ser inmortal si una sola persona tiene que morir".

CRECE LEYENDO

El orador necesita aprender continuamente. No puede detener su aprendizaje y su evolución para impulsar el crecimiento de los demás. Su carácter es una mezcla de triunfos, caídas y lecciones aprendidas, por él y por quienes le rodean. Mientras más aprende, más crece en las relaciones con las personas. Al comprenderlas, más fácil será conectarse con estas a través de su oratoria.

El aprendizaje del orador se fundamenta en sus experiencias de vida, lo que escucha, lo que escribe y lo que lee. Estos veinticinco libros enriquecerán tu mensaje, transformarán tu interior y te ayudarán a proyectar que eres un orador responsable del desarrollo de los demás. De sus textos encontrarás historias para compartir con la audiencia y unirlas a las que has experimentado.

Autoliberación interior por Anthony de Mello

El amor en los tiempos de cólera por Gabriel García Márquez

Cómo ganar amigos e influenciar sobre las personas por Dale Carnegie

Como un hombre piensa por James Allen

Cómo suprimir las preocupaciones por Dale Carnegie

Controle su destino por Anthony Robbins

Desarrollo Personal por Rubén Huertas

El alquimista por Paulo Coelho

El Conde de Montecristo por Alejandro Dumas

El hombre más rico de Babilonia por George S. Clason

El vendedor más grande del mundo por Og Mandino

El viejo y el mar por Ernest Hemingway

Todos se comunican, pocos se conectan por John C. Maxwell

Organízate con eficacia por David Allen

Dios nunca parpadea por Regina Brett

Grandes esperanzas por Charles Dickens

Cómo hablar, cómo escuchar por Mortimer Jerome Adler

La metamorfosis por Franz Kafka

Las mil y una noches por Anónimo

Los 7 hábitos de la gente altamente efectiva por Stephen Covey

Máximo rendimiento por Brian Tracy

Poder sin límites por Anthony Robbins

Cuando te encuentre por Nicholas Sparks

Siete estrategias para alcanzar riqueza y felicidad por Jim Rohn

"La diferencia entre nuestro éxito y el fracaso es el grado de nuestro compromiso"

—Jim Rohn

Capítulo 20

Nuevas tendencias en la oratoria

"Para transformarnos tenemos que explorar nuestro interior y arriesgarnos a hacer cosas nuevas en la vida".—Weyna Quiñones

Nuevas tendencias en la oratoria

Navega con la oratoria, sé orador en los cruceros

Te has preguntado alguna vez, ¿podría escaparme de esta vida tan agitada y continuar trabajando como expositor en cualquier parte del mundo? Sí, puedes. La respuesta está en convertirte en un huésped especial en los cruceros.

Ser orador en las líneas de cruceros te permitirá viajar gratis alrededor del mundo, conocer impresionantes escenarios de la naturaleza y ganar dinero a través de la venta de libros, grabaciones digitales y otros productos. Además, puedes obtener videos de tus presentaciones con grandes audiencias. Esto te ayudará a promover tu imagen.

¿Qué buscan estas líneas?
Las líneas de cruceros buscan, por lo general, dos tipos de oradores: el que entretiene (entertainer) y el que edifica (enrichment speaker). También utilizan al orador que ofrece charlas sobre los puertos o los destinos del crucero. Como muchos huéspedes repiten la ruta del crucero, las líneas requieren que las charlas del orador tengan un sabor distinto para cada puerto y destino. En este sentido, el orador debe ser sumamente original en el mensaje y contenido, aunque sea el mismo destino.

Es fundamental identificar el propósito de la actividad del orador porque de esto depende de que su estadía tenga o no costo alguno en el crucero. Seth (2009) menciona que para el que entretiene su estadía es gratis; el que edifica, paga. Sin embargo, se les permite a los dos vender sus productos durante el viaje. Para ser orador en los cruceros, debes someter al Departamento de Entretenimiento de la línea que te interesa un video con tu información, los temas a presentar en tu propuesta y si has escrito algún libro como referencia del tema a presentar.

Algunas páginas *web* de líneas de cruceros que podrías contactar para incursionar como orador invitado:

Carnival Cruises	http://www.carnival.com
Disney Cruise Line	http://www.disneycruise.com
Holland America Line	http://www.hollandamerica.com
Norwegian Cruise Lines	http://www.ncl.com
Princess Cruises	http://www.princess.com
Royal Caribbean	http://www.royalcaribbean.com

¡Comienza a disfrutar del mundo y gana dinero como orador en los cruceros!

Consejos para oratorias de difusión *web* **(webcast)**

Conectarnos con audiencias virtuales requiere de ciertos ajustes técnicos para que la experiencia de los participantes sea memorable. Si utilizaremos alguna ayuda visual como PowerPoint® o Keynote®, podemos hacer lo siguiente:

1 El tipo de letra del texto debe ser legible con la resolución del equipo.

2 El formato de diapositiva más frecuente es 4:3, aunque cada vez más se utilizan formatos tales como 16:9 y 16:10.

3 Usa una diapositiva para presentar tu nombre, compañía u organización, título de la presentación y la fecha.

4 No uses efectos de animación o sonido.

5 Mira a tu audiencia.

6 Manten cada diapositiva por un par de minutos, si tienen texto.

7 Controla tus movimientos, no camines mientras te graban. Disminuye la calidad de la imagen cuando te mueves frecuentemente de lado a lado.

8 Usa colores lisos en tu vestimenta; no uses blanco o colores muy claros. Te proyectarás sin fuerza y afectará tu credibilidad.

Domina el arte de la oratoria mediante la difusión *web*. Aprovecha los nuevos medios virtuales para compartir historias con el mundo y lograr tu sueño de transformar vidas, sin importar en qué lugar del mundo estén.

Mensaje Final

"La oratoria elimina la oscuridad de nuestras vidas para dar paso a la transformación del alma".
—Elbia Quiñones

Mensaje Final

*"**Carpe diem**, aprovecha la oratoria para crecer"*

Carpe diem es una locución latina que literalmente significa "aprovecha el día". Es una exhortación para aprovechar el momento y no desperdiciarlo. Fue acuñada por el poeta romano Horacio.

En el mundo moderno se ha interpretado de distintas maneras: "aprovecha el día y no confíes en el mañana", "no dejes para mañana lo que puedas hacer hoy" o "vive cada momento de tu vida como si fuese el último".

En la película *La sociedad de los poetas muertos*, protagonizada por Robin Williams y Robert Sean Leonard, *carpe diem* se utiliza como una manera de enfatizar que aprovechemos el momento para realizar nuestros sueños y deseos interiores, sin importar lo que opinen los demás. También, para mostrarnos que con valor se camina nuestro destino.

Te invito a que aproveches el tiempo en la oratoria. Prepara cada discurso con relevancia a los oyentes, ensaya con tenacidad, sé positivo, escucha y respeta a la audiencia, proyecta un mensaje con pasión, provoca un cambio. Que la audiencia sienta que tiene en sus manos el poder de ser exitosos y de transformarse en mejores ciudadanos y profesionales. Tus ideas convertidas en palabras construyen y edifican vidas.

Asimismo, sé honesto y siempre muestra un profundo interés por la audiencia. Adapta tu mensaje a las necesidades de esta y sé flexible. Comparte tus historias y asegúrate que en algunas de estas la audiencia sea el héroe. Construye relaciones de confianza para que sientan que eres un auténtico testimonio del crecimiento y del cambio que ocurre en el interior cuando lo deseamos. Tu cambio añadirá valor a sus vidas; de igual manera, estarás añadiendo valor a la tuya.

Cada vez que presentas un discurso te sentirás con más confianza y desarrollarás con firmeza tus destrezas de persuadir, inspirar y motivar a los oyentes. Aprovecha la oportunidad que te brinda la oratoria para improvisar y convertirte en un actor, un cuentista o un pantamimo. La creatividad y la imaginación no tienen límites para conectarte con la audiencia.

Por otra parte, la clave para que tu crecimiento sea sostenible descansa en que te evalúes con honradez, escuches tu voz y ajustes tu estilo de oratoria con el deseo de fortalecer tu confianza. Cuando lo logres, podrás ayudar a los demás a que abracen la bendición de ser mejores en la vida.

Comunicarnos con la audiencia es un desafío, un reto, una aventura que termina transformándonos en mejores personas porque logra descubrir la belleza de nuestro interior. Que el poder de la oratoria siempre te acompañe y que seas siempre escuchado, atendido y entendido.

Glosario

GLOSARIO

Afonía. Pérdida total de la voz por traumatismo, parálisis laríngea y otras causas.

Alvéolos. Hoyos donde están encajados los dientes. Zona en que se apoya la lengua para pronunciar la 'n'.

Analogía literal. Una comparación entre sujetos dentro del mismo campo.

Aparato fonador. Genera el sonido de la voz. Se compone de tres grupos de órganos: respiración (pulmones, bronquios y tráquea), fonación (laringe, cuerdas vocales, nariz, boca y faringe) y articulación (paladar, lengua, dientes, labios y glotis).

Apología. Discurso en alabanza o defensa de personas o cosas.

Atril. Soporte inclinado para sostener papeles o libros.

Audiencia. Conjunto de seguidores de un programa de radio, televisión, evento de oratoria o transmisón a través de la internet.

Articulación. Producir los sonidos de una lengua disponiendo adecuadamente los órganos de la voz. Posición que adoptan los órganos de la boca en el momento de producir un sonido.

Brindis. Un breve discurso de homenaje, por lo general se ofrece en las cenas o reuniones de celebración.

Charla. Disertación oral, con pocas o ninguna solemnidad sobre un tema.

Claridad. Cúan perceptibles son las palabras que se pronuncian.

Credibilidad inicial. Proyección del orador ante la audiencia previo a comenzar su discurso.

Conferencia. Disertación oral sobre un tema definido el cual domina un orador.

Contacto visual. Contacto directo visual con los ojos de otras personas.

Consonantes. Se clasifican según el modo en que son articuladas:

Palatales. se articulan por la oposición de la lengua con el paladar duro. Ejemplo: la 'r'.

Velares. se articulan por la oposición de la parte posterior de la lengua con el paladar blando. Ejemplo: la 'j'. Para emitirlas, el aparato fonador crea obstáculos o barreras a la salida libre de la respiración. Las consonantes son moduladas por la lengua junto con los dientes, labios y el velo del paladar.

Cuerpo. Parte del discurso que comprende las ideas principales del tema.

Dicción. Es la pronunciación correcta de las letras y palabras. Es la manera de hablar. Requiere elegancia, pausas y matizar los sonidos musicales.

Discurso. Exposición oral y pública utilizado para manifestar lo que se piensa o siente.

Discurso de aceptación. Discurso ceremonial en el cual la persona reconocida por sus logros expresa su agradecimiento por dicho reconocimiento.

Discurso demonstrativo. Discurso para mostrar a la audiencia cómo hacer algo. Por ejemplo, vender, o hacer una entrevista en la televisión.

Discurso de entretenimiento después de la cena. Discurso corto con matices de humor. No requiere que la audiencia cambie su comportamiento respecto a una idea o pensamiento.

Discurso de inspiración. Discurso ceremonial en el que se pretende que la audiencia logre metas y objetivos en la vida.

Discurso de introducción. Discurso para presentar un orador en una actividad, programa o evento.

Discurso improvisado. Un discurso pronunciado en la preparación inmediata de poco o nada.

Discurso informativo. Discurso para orientar a la audiencia sobre conceptos específicos o un tema complejo o técnico.

Discurso de presentación. Discurso para presentar un premio o reconocer los logros de una persona o entidad.

Discurso persuasivo. Discurso que pretende convencer a la audiencia para tomar acción sobre la propuesta del orador o sencillamente, que sigan sus ideas.

Diseño comparativo. Un patrón de un discurso informativo que se relaciona con un tema desconocido para algo que el público ya sabe o entiende.

Diseño cronológico. El modelo de organización del discurso que sigue una secuencia de acontecimientos importantes en relación con la historia de un sujeto o la predicción de su futuro.

Disfonía. Alteración de la voz en tono, intensidad o timbre por problemas vasculares, Parkinson o por una mala utilización de la voz.

Duración. Tiempo que se utiliza en la emisión del sonido. Cuánto se tarde en pronunciar una sílaba, una palabra. Puede ser breve o largo.

Efecto búmeran. Reacción hostil de la audiencia ante un discurso que defiende demasiado o persuade por un cambio muy radical.

Elocuencia. Habilidad de hablar o escribir con efectividad para entretener, conmover o persuadir.

Enunciación. La manera en que las palabras individuales se articulan y se pronunció en su contexto.

Flexibilidad. Capacidad de variar el tono, la velocidad, la intensidad, las pausas y la entonación.

Fonación. Es el trabajo muscular realizado para emitir sonidos inteligibles que permiten la comunicación oral. El objetivo de la fonación es la articulación de las palabras en cuyo proceso se modifica la corriente de aire procedente de los pulmones y la laringe.

Fonema. Imagen mental de un sonido. Por ejemplo, cómo imagino la r, t, s.

Formulario PREP. Una técnica de esquematización para un discurso improvisado: establecimiento de un punto, dar una razón, presentar ejemplos y repetir el punto.

Empatía. Capacidad de entender, comprender y sentir las emociones de las personas que escuchan a un orador.

Gestos. Los movimientos del rostro, de las manos o de otras partes del cuerpo con que se proyectan diversos estados de ánimo.

Glosofobia. Miedo de hablar ante un público. La palabra proviene del griego glossa, lengua y fobos, miedo o temor.

Gráfica circular. Un gráfico que pone de relieve los segmentos de un círculo para mostrar patrones simples de distribución.

Impostar. Es fijar la voz en las cuerdas vocales para emitir el sonido en su plenitud con naturalidad, sin vacilación, sin esfuerzo ni temblor. Es colocar su voz en un tono natural para mantener la palabra, por más tiempo sin fatigarse y matizarla en su grado óptimo.

In crescendo. Aumento gradual de la voz o del poder del orador durante la exposición.

Inflexión. Cambios en los tonos de la voz humana.

Intensidad. Mayor o menor grado de fuerza al emitir los sonidos.

Interlocutor. Persona que forma parte de un diálogo.

Lenguaje corporal. Una de las dimensiones de la comunicación o lenguaje no verbal, que revela los estados de las emociones a través del cuerpo.

Lenguaje figurado. El uso de las palabras en ciertos aspectos sorprendentes e inusuales con el fin de amplificar el poder de su significado.

Lenguaje gestual. Lenguaje del rostro y su mirada.

Lenguaje manual. Lenguaje de las manos y los brazos.

Lenguaje no verbal. Comunicación a través del espacio (cuán cerca o lejos estamos) y tiempo, tono de la voz, olores y formas de la ropa, accesorios que usamos, y señales, gestos y movimientos del cuerpo.

Líder. Aquel que con su fuego enciende a las personas a lograr sus sueños.

Maestro de ceremonia. Conductor de una actividad, evento o programa. Introduce los oradores y en muchas ocasiones, es el responsable de anunciar y entregar los premios.

Manuscrito del discurso. Un discurso que se escribe palabra por palabra y se lee a la audiencia.

Máximas. Dichos breves.

Miedo o temor oratorio. Síntomas o manifestaciones negativas del cuerpo y de la mente por la posibilidad de exponerse ante un público o una audiencia.

Modulación. Subir o bajar de tonos de voz para atraer al que escucha. Es la melodía de la voz.

Monótono. El mismo tono de voz.

Muletillas físicas. Utilizar objetos sin propósito alguno o tocarse el cuerpo mientras hablamos, por nerviosismo o ansiedad. Por ejemplo: tocarse el pelo, tocarse la nariz, morder las uñas, entre otras.

Muletillas verbales. Espacios o rellenos innecesarios en una oratoria. Por ejemplo: eh, ah, hum, ajá, ok, entre otros.

Onomatopeya. El uso de palabras que suenan como los sujetos hayan manifestado.

Orador. Persona que habla en público, expositor de discursos, charlas, sermones o conferencias.

Oyente. La persona que recibe el mensaje del orador.

Paladar. Bóveda dura que constituye el techo de la boca.

Paráfrasis. Para repetir o resumir las ideas de un autor en sus propias palabras.

Pathos. El nombre utilizado por Aristóteles para referirse al atractivo emocional del orador.

Pausa. Momento que se toma en el discurso para recargar aire y permitir que la audiencia procese el mensaje.

Perfil demográfico de la audiencia. Características de la audiencia-edad, género, afiliación social, grupo cultural, educación y otras que hacen que un orador ajuste su discurso para ser más efectivo.

Persuasión analógica. Creación de una perpectiva estratégica sobre un tema relacionado con algo de lo que el público tiene fuertes sentimientos positivos o negativos.

Pictograma. En un gráfico, una imagen visual que simboliza la información que representa.

Plagio. Presentar el lenguaje de otra persona o de las ideas como propias.

Podio. Plataforma o tarima sobre la que se coloca una persona para comunicarse con la audiencia o el público.

Pregunta espejo. Las preguntas que se repiten parte de una respuesta anterior, para fomentar el debate aún más.

Presentación efectiva. Presentación oral que logra que nos escuchen, atiendan y seamos entendidos. Además, se logra que la audiencia considere efectuar un cambio de pensar.

Procedimiento parlamentario. Un conjunto de reglas formales que establece un orden del día de las reuniones y fomenta la atención ordenada, justa y completa de las propuestas durante la deliberación del grupo.

Pronunciación. Es la acción de articular los sonidos de una lengua. Es el modo en que se pronuncia una palabra clara y distintamente.

Prop. Accesorio, objeto utilizado para llamar la atención o para dramatizar un personaje o una historia.

Proxémica. El estudio de cómo los seres humanos utilizan el espacio durante la comunicación.

Público. Conjunto de personas que coinciden en un lugar determinado para asistir a un espectáculo, presentación, charla o con otro fin semejante. Tienen aficiones comunes.

Respiración diafragmática. Respiración que deposita el aire en el abdomen para que el diafragma logre vibrar las cuerdas vocales.

Retroalimentación. La respuesta inmediata del público al orador.

Secuencia de motivación de Monroe. Un método para la organización de los discursos persuasivos que buscan una acción inmediata. Los cinco pasos de la secuencia de motivación son la atención, necesidad, satisfacción, visualización y la acción.

Simposio. Una presentación pública en la que varias personas presentan discursos preparados en diferentes aspectos del mismo tema.

Sinceridad. Concordancia entre lo que se siente y se revela.

Sistema VAK. Sistema de representación visual, auditivo y cinestésico.

Sincronismo. Concordancia entre la palabra y el tiempo del gesto.

Sonido. Realización física de un fonema. El sonido producido por las cuerdas vocales es un sonido en bruto y muy similar al de los animales. Cuando llega este sonido bruto a la boca se transforma por el sonido hablado.

Técnica vocal. Forma de hablar sin vicios de dicción.

Timbre. Es una de las cuatro cualidades esenciales del sonido articulado, junto con el tono, la duración y la intensidad. Se trata del matiz característico de un sonido, que puede ser agudo o grave según la altura de la nota que corresponde a su resonador predominante. Sonido que identifica a una persona. Tu voz.

Tono. Es la propiedad de los sonidos que los caracteriza como más agudos o más graves, en función de su frecuencia.

Transformación. El efecto dinámico y positivo en los concurrentes ante una comunicación exitosa.

Valor informativo. Una medida de la calidad de información nueva e importante, o la comprensión que un discurso transmite a la audiencia.

Variedad vocal. Cambios en la velocidad, tono y volumen de la voz del orador.

Velo del paladar. Tejido colgante y blando situado en la parte trasera del paladar.

Verbatim. Utilizar las palabras exactas de una fuente. Palabra por palabra.

Vicio expresivo. Forma incorrecta e impropia de expresar una frase.

Vicio elocutivo. Forma incorrecta e impropia de empleo del vocablo que distorsiona la interpretación del mensaje.

Visualización. Proceso de verse el orador aproximándose a la tarima y efectuando su discurso con éxito.

Vocales. Los sonidos vocálicos son clasificados según el timbre (agudos, intermedios y graves), a la posición de la lengua (anteriores, centrales y posteriores), y a la abertura entre la lengua y paladar (cerrados, medios y abiertos).

Vocalización. Cualquier ejercicio que se ejecuta con las vocales para dar agilidad y flexibilidad a la voz.

Voces femeninas. Las voces de mujer o voces blancas, comprenden también las voces de niño. Las voces de mujer se dividen en: soprano (aguda), mezzosoprano (intermedio de soprano y contralto) y contralto (grave).

Voces masculinas. Las voces de hombre se dividen en: tenor (la más aguda), barítono (intermedio entre el tenor y el bajo) y bajo (la más grave). Comienza a formarse a partir de los trece o catorce años.

Volumen. Cuán ruidosa o suave es la voz del orador.

Voz. Es el medio que nos identifica entre el resto de las personas. Instrumento elástico por el cual transmitimos nuestro mensaje. Cambia todo el día.

Referencias

Referencias

Academia virtual Melómanos. (s.f.) *Voces de hombre.* Recuperado el 12 de marzo de 2012 de http// www.melomanos.com/academia/instrum/voz_ hombre.htm

Barnes, J. (2009). *John F. Kennedy: su liderazgo.* Tennessee: Grupo Nelson, Inc.

Burchard, B. (2011). *The Millionaire Messenger: Make a difference and a fortune sharing your advice.* New York: Experts Academy Press.

Butler-Bowdon, T. (2003). *50 Self – help classics.* London, UK: Nicholas Brealey Publishing.

Cabrera, Rayco. (s.f.) *Frases del cine.* Recuperado el 12 de diciembre de 2011 de http://www. frasesdecine.com/mejoresfrases.php

Calderón, N. (s.f.) *Detección de trastornos del lenguaje.* Recuperado el 14 de abril de 2012 de http://www.nataliacalderon.com/ detecciondetrastornosdellenguaje-c54.xhtml

Cardozo. E. (25 de febrero de 2010) *La voz.* Recuperado el 7 de octubre de 2011de http://emagister.com/ curso-liderazgo-oratoria-2/voz

Carrión, S. (2010). *Seducir y cautivar con PNL*: El lenguaje de impacto. 3a edición. Barcelona: Ediciones Obelisco.

Churchill, W. (1897). *The scaffolding of rethoric*. London.

De Mello, Anthony. *El Canto del Pájaro*. (1982). Recuperado el 6 de agosto de 2011 de http://petalosdeluz.galeon.com/aficiones2327379.html

Diccionario de Biología. (s.f.) *Aparato respiratorio*. Consultado el 7 de febrero de 2012 en http://soko. com.ar/Biologia/cuerpo_humano/Ap-resp

Eidenmuller, M. (2008). *Great Speeches for Better Speaking*. USA: Mc Graw-Hill.

Ekman, P. (2003). *Emotions revealed: Recognizing faces and feelings to improve communication and emotional life*. New York: Times Books.

Huertas, R. (2008). *Desarrollo Personal: El método más efectivo para alcanzar el éxito*. PR: Power Publishing Learning Systems.

King, L. & Gilbert, B. (1994). *How to talk to anyone, anytime, anywhere*: The secrets of good communication. New York: Crown Publishers, Inc.

Latin Seniors Inc. (s.f.) *El lenguaje de la ropa y lo que dice de ti*. Recuperado el 5 de enero de 2012 de http://www.enplenitud.com/el-lenguaje-de-la-ropa-y-lo-que-dice-de-ti.html#ixzz1mN8LSt7Z

Martínez, F. (s.f.) *Estilos de aprendizaje*. Recuperado el 19 de marzo de 2012 de http://interaprendizaje. com/index.php

National Institute of Mental Health. (2012). *Anxiety Disorders*. Recuperado el 29 de marzo de 2012 de http://nim..nih.gov/ health/topics/anxiety-disorders/completeindex.shtm

Navarro, J. & Karlins, M. (2008). *What every body is saying*. USA: HarperCollins Publishers.

Olvera, L. (20 de febrero de 2011). *La glosofobia y los patrones de pensamiento*. Recuperado el 18 de marzo de 2012 de http://www.ligia. olvera.com/2011/02/la-glosofobia-y-los-patrones-de-pensamiento

Quintilianus, M. F. *Institutio Oratoria*. Libros I – III traducidos por H. E. Butler (1926). Recuperado el 7 de septiembre de 2011 de http://www. archive.org/details/institutioorator00quin

Real Academia Española. (s.f.). *Diccionario de la lengua española* (avance de la 23.a edición). Consultado en http://www.rae.es/drae

Retóricas. (2009) *Listado de figuras retóricas*. Recuperado el 5 de febrero de 2012 de http://www.retoricas. com/06/principales-figuras-retoricas.html

Reynolds, G. (2011). *The naked presenter: Delivering powerful presentations with or without slides*. California: New Riders.

Robles, A. (s.f.) *Características de los sistemas de representación*. Recuperado el 7 de julio de 2011 de http://www.galeon.com/aprenderaaprender/vak

Rodríguez, C. (1994, junio). Diez consejos para hablar en público: secretos del buen discurso. *Clarín*.

Rodríguez, J. (s.f.) *Fábulas de Esopo*. Recuperado el 18 de enero de 2012 de http://edyd.com

Rohn, J. (1993). Excerpts from *The Treasury of Quotes*. Texas: Jim Rohn International.

Rosas, J. (2010). *Los micropicores en los dedos*. Recuperado el 9 de julio de 2011 de http://lenguajecorporal.org/micropicores-dedos-nerviosismo

Seth, J. (2009). *Cruise ship speaking*. New York: New York Publishing.

Trabalenguas en Celebérrima. (2011) Recuperado el 14 de febrero de 2012 de http://trabalenguas.celeberrima.com/letras

Universidad del País Vasco. (s.f.) *La voz humana*. Recuperado el 20 de marzo de 2012 de http://www.ehu.es/acustica/espanol/musica/vohues/vohues.html

Wikipedia. (s.f.) *Micrófono*. Recuperado el 11 de mayo de 2012 de http://es.wikipedia.org/wiki/microfono

Lea un extracto del libro

Maestro de Ceremonias
Conecta con Poder

Por Elbia I.Quiñones

Disponible a través de

Power Publishing Learning Systems

www.powerpublishingpr.com

Solicítelo en su librería favorita

ISBN 978-0-9961067-0-2

Consejos para prepararte antes del evento

Cuando observamos los detalles de las ceremonias modernas, notamos varios componentes del pasado. Se destacan los siguientes: un claro propósito de la celebración, el orden en que se presentan las autoridades y los invitados, qué se acepta, los símbolos que forman parte del rito y la figura indiscutible del maestro de ceremonias.

~~~~~~

Solicita el libreto y el programa con anticipación. Si no existe un libreto, es tu responsabilidad prepararlo y discutirlo con el coordinador del evento. Solo es cuestión de organizarte y manejar el tiempo para completarlo.

~~~~~~

Practica la lectura del libreto tantas veces como puedas hasta que sientas que tiene tu sabor, que no sea mecánico. Para ello necesitas, además, ensayar la proyección de la voz. Asimismo, antes de practicar la lectura del libreto en voz alta, calienta los labios y la lengua. Además practica las pausas, las entradas y salidas de los responsables de cada suceso en el programa.

El maestro de ceremonias es como un maratonista. Debe tener mucha energía para mantenerse entusiasta durante el evento y llegar a la meta de su carrera: el cierre.

Para desarrollar resistencia, camina. Mantiene la presión sanguínea en equilibrio, disminuye la resistencia a la insulina de la diabetes tipo 2, fortalece el corazón al igual que mejora la densidad ósea.

La respiración cuadrada te ayudará a desarrollar la resistencia para los eventos extenuantes y muchas veces maratónicos. Practícala y disfruta de sus beneficios. Tu cuerpo y mente la necesitarán.

~~~~~~~~~~~~~~~~~~~~~~~~~~~~~~~~~~~~~

Los primeros cuatro segundos hacen que una persona se sienta a tu favor o en tu contra, con tan solo verte. La manera en que te proyectas es la única área de tu vida de la que tienes control. Recuerda que tu vestimenta y paquete personal son poderosos. Logran que la audiencia decida escucharte y atenderte en tan solo cuatro segundos.

Como maestro de ceremonias es nuestra responsabilidad entender el lenguaje de las emociones humanas. Trabajamos en equipo y su composición, por lo general, es rico en temperamentos que conforman las personalidades.

Conozca a la autora

Conozca a la autora

Elbia I. Quiñones es fundadora y diseñadora de los programas de Fast Growth International. Incorpora elementos de persuasión visual y de lenguaje no verbal en sus presentaciones logrando así una comunicación clara y de excelencia.

Cuenta con más de veinte años de experiencia corporativa y organizacional. Domina, además, los elementos de persuasión y comunicación efectiva. Ha logrado integrar elementos complejos, de manera sencilla y fácil de aprender, en los programas de oratoria y liderazgo.

Su sistema práctico acelera el proceso de aprendizaje y el dominio de los fundamentos de la comunicación. Trabaja con profesionales de todo tipo de industrias.

También, dedica parte de su tiempo libre como voluntaria para fomentar la oratoria, comunicación y liderazgo en los jóvenes, visitando escuelas y facilitando talleres básicos.

Su más reciente proyecto ha sido el estudio, investigación e incorporación de elementos exitosos de aprendizaje de origen japonés. Estos garantizan la retención de un mínimo de 70% del material expuesto. Contrasta con el modelo convencional de occidente, el cual logra un máximo de 10% de retención.

Trabaja además como diseñadora de presentaciones y discursos corporativos y protocolarios. Oradora y presentadora de temas tales como: *Tu Cuerpo Habla,*

Negociación Corporal, Escucha tu Voz y El Poder de la Oratoria. Ayuda a los empresarios a proyectarse con poder. Le llaman *"La dama de la oratoria".*

En el 2012 alcanzó la designación de "Toastmaster Distinguida" (DTM), el más alto reconocimiento que otorga la organización *Toastmasters International* a través de sus programas de comunicación y liderazgo. Es la primera persona en Puerto Rico en alcanzar tan cotizado galardón.

Asimismo, obtuvo varias certificaciones ofrecidas por la institución School of Body Language de Washington, incluyendo Advanced Body Language Expert.

Es también autora del libro *Maestro de Ceremonias: Conecta con Poder* (2014) y colaboradora en el libro *Heart of a Toastmaster* con su historia *Anything is Possible* (2013). Es coach, adiestradora y oradora certificada por The John Maxwell Team®.

La autora está disponible para presentaciones, seminarios, talleres y consultoría tanto en inglés como en español. Para contrataciones pueden comunicarse con
Power Publishing Learning Systems
al 787.378.0598
o a través de correo electrónico a
elbia@fastgrowthpr.com

Índice

Índice

C

D

ÍNDICE

ÍNDICE

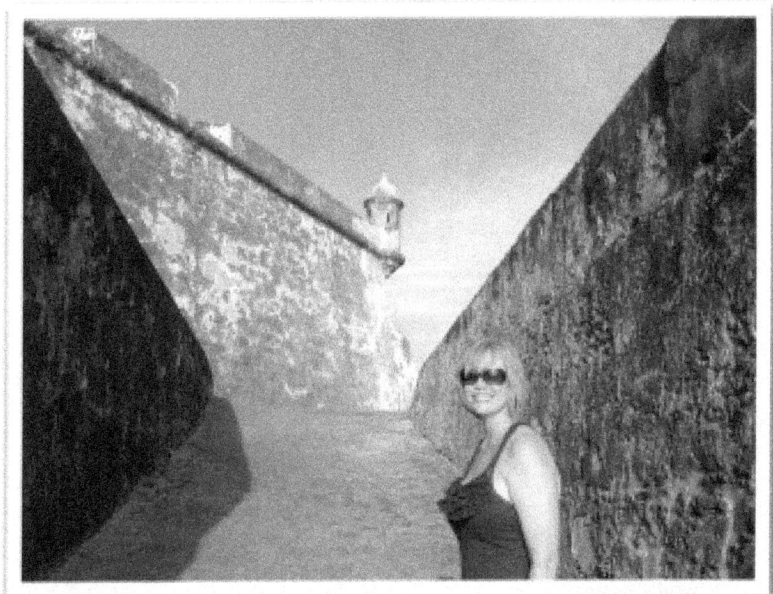

Desde *El Morro*, lugar de inspiración de la autora.

Oferta Especial

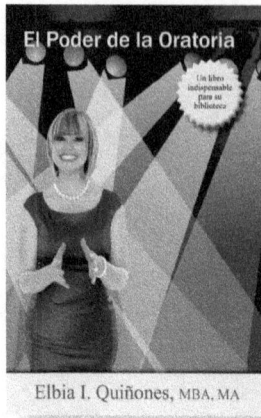

El Poder de la Oratoria

Elbia I. Quiñones, MBA, MA

SEA PARTE DE ESTE LIBRO

Ordénelo con el logo de su empresa en la cubierta.* Escriba un mensaje dirigido a sus empleados, asociados o clientes el cual será impreso como parte del libro. Sea partícipe en este movimiento de educación para el mejoramiento y la superación personal. Utilice este libro como parte de su programa de adiestramiento y como un obsequio especial. El desarrollo personal y profesional es la mejor inversión que podemos realizar.

*Orden mínima 25 ejemplares.

ruin hombre se marchara. Los policías
nunca llegaron y yo, nunca salí del
(clóset). Por semanas me escondí
en ese armario, en ese (hamper) que
nunca olvidaré. Me aterraba la
idea que me persiguiera y ahogara
mis deseos de <u>vivir</u>.
→ cambiar de tono
Con el tiempo físicamente salí del
armario. Por fortuna, lo trasladaron
a Estados Unidos y por ~~el~~ fin rescaté
mi cuerpo. Sin embargo, no pude
rescatar mis emociones, mi voz ni la
luz de crecimiento que todos llevamos
en nuestro interior. [Con sentimiento]
Por veintitrés años permanecí silente,
<u>sin saber qué hacer</u>, sin sentir la
motivación genuina que nos inspira a
levantarnos cuando caemos o nos hacen
caer.
* Charlie Chaplin, el genial actor y productor,
decía: "El tiempo es el mejor autor: siempre
encuentra un final perfecto". Hace tres

3

verificar DRAE

años salí del (clóset) y del (hamper) donde estaba escondida para sobrevivir. ¡Encontré un final perfecto! En las festividades de año nuevo de 2009, mi compañero Rubén y la oratoria conspiraron para darme el regalo perfecto. Me regalaron la emoción de vivir, de descubrir, de explorar mi interior para crecer. No he dejado de crecer porque aprendí a salir del (clóset) ... del (hamper) donde moría Elbia día tras día. — ojo

Recuperé tres grandes emociones y sentimientos: 1°) la pasión por aprender, 2) la humildad que debo reconocer que debo siempre entregarme a una audiencia y 3) el poder transformacional que se gana cuando se comienza a crecer. Mi vida — modular tiene un propósito ahora, gracias a la oratoria. 1 Probablemente llegaste a un programa de oratoria por algún encierro mental. En vez de una canasta de ropa, un (hamper) que representaba mi encierro, probablemente fue un divorcio, pocas oportunidades en la vida o quién sabe ... muchas y no saber apreciarlas y ¿? trabajarla. No importa el encierro mental, la liberación que ocurre a través de la oratoria de espíritu, de alma es trascendental. Acepta este regalo no importa el día, el mes, el año. Úsalo no lo guardes en el clóset y mucho menos en un (hamper) de emociones negativas. * - Cierre - ojo * Escondida ... ¡no más! y

264

www.ingramcontent.com/pod-product-compliance
Lightning Source LLC
Chambersburg PA
CBHW031242090426
42742CB00007B/286